中华书局

吕玉华

著

书礼传家

爱情·信物

图书在版编目（CIP）数据

爱情·信物／吕玉华著．—北京：中华书局，2015.11
（中国文化丛书·书礼传家）
ISBN978-7-101-09864-8

Ⅰ．爱…Ⅱ．吕…Ⅲ．①爱情－中国－古代－通俗读物
②婚姻－中国－古代－通俗读物Ⅳ．D691.91-49

中国版本图书馆 CIP 数据核字（2013）第 277083 号

书　　名　爱情·信物
著　　者　吕玉华
丛　书　名　中国文化丛书　书礼传家
责任编辑　马　燕
内文设计　刘　洋
出版发行　中华书局
　　　　　（北京市丰台区太平桥西里 38 号　100073）
　　　　　http://www.zhbc.com.cn
　　　　　E-mail:zhbc@zhbc.com.cn
印　　刷　北京瑞古冠中印刷厂
版　　次　2015 年 11 月北京第 1 版
　　　　　2015 年 11 月北京第 1 次印刷
规　　格　开本 /889×1194 毫米　1/32
　　　　　印张 6½　字数 50 千字
印　　数　1-5000 册
国际书号　ISBN978-7-101-09864-8
定　　价　30.00 元

"中国文化丛书"包括两套书系："经典随行"和"书礼传家"。

我们所谓的"经典"，是指经久不衰的典范之作，它们历经岁月的淘洗仍然具有旺盛的生命力。中国文化，源远流长，广播四海，经典累代不乏。晚近以来，中国处于"三千年未有之大变局"时代，西方学术和思想大量涌入，中国传统文化遭受巨大冲击，国人或主动或被动地卷入这样一股变迁的时代洪流中，摸索前行。社会巨变之际往往精英辈出，中西文化的激荡，产生了一大批大师级的学者，留下了丰厚的文化遗产。

"经典随行"书系选取近一百年来有关中国文化的经典著作，内容涉及文学、史学、哲学、思想、宗教、文化、艺术诸领域，如鲁迅《中国小说史略》、蒋维乔《中国佛教史》、许地山《中国道教史》、蔡元培《中国伦理学史》、陈师曾《中国绘画史》、柳诒徵《中国文化史》等，都是具有典范性的经典力作。

在推出这些学术文化经典的同时，我们希望以一种更加新颖的方式使读者接受传统文化的熏陶，于是我们策划了"书礼传家"书系。中国自古崇文重教，"十户之村，不废诵读"，"书礼传家"是许多中国人悬挂于门楣的精神坐标。"书礼传家"书系引进立体阅读的概念，以"实物仿真件＋文本解读"的方式，来丰富读者的阅读体验。精心选择中国传统文化中与普通民众生活密切相关的文书，从一件件具体的实物说开去，以小见大，生动有趣，从微观角度反映传统社会千姿百态的生活方式。将"科举"、"婚约与休书"、"花笺与信物"、"奏折"、"当票"、"地契"、"状子"等反映中国古代科举制度、婚姻制度、爱情观念、古代官制、典当制度、土地制度、司法制度等一系列传统社会制度的内容纳入进来。翻开这套书，就如同走进了一座"流动的文化博物馆"。

"中国文化丛书"致力于介绍阐述中国传统文化的"著述"，而不是中国文化"元典"本身；面对的读者对象是普通大众，以推介中国文化常识为基本立足点，过于艰深的学术探讨不在选择之列；在表述上力求深入浅出、简明准确。

"大家的文笔，大众的视角"，是我们对"中国文化丛书"的基本定位，愿这套丛书能够为人们搭建一座接近经典，了解历史与文化的桥梁。

中华书局编辑部

二〇一三年十二月

日射纱窗风撼扉，香罗拭手春事违。

回廊四合掩寂寞，碧鹦鹉对红蔷薇。

金风玉露一相逢，便胜却人间无数

目　录

"情不知所起，一往而深。生者可以死，死可以生。生而不可与死，死而不可复生者，皆非情之至也。"这是明代文人汤显祖在《牡丹亭》中的感慨。

爱情是人类生活的主题，是艺术的源泉，是美的体现。它发之于本能，却闪耀在精神领域。在赞叹爱情美好的同时，我们还应该看到，所谓情，是欲的另一种表现。而性欲，是每一个生命体的本能。倘若把人的生命比作一棵植物，性欲就是深深盘入地下的根系，隐蔽而强大。爱情，就是枝头盛开的繁花，灿烂光华。没有地下的根系，就无从开出多姿多彩的花朵。

但是，以欲结合的，不一定相爱。我们已经了解了人类生理活动的很多奥秘，却总是解释不清楚爱情的发生机制。就算有多巴胺、荷尔蒙等等的共同作用，为什么唯独在此刻、唯独面对此人才有如此反应？

　　人之异于禽兽，不仅仅需要生理满足，同时还有精神需求。倘若精神无法契合，即便貌若天仙，齐眉举案，长久相处终究是意难平。因此，爱情是人类的文化选择，是人类脱离兽界，开始居住在人造的丛林（部落、乡村、都市）之后，逐渐发明出来的最复杂的游戏。这场复杂的游戏，是人在凡俗当中能够做出的最不凡俗的举动，是每个人生命中的最美时刻。真正的爱情，全无庸俗的念想，可以抛弃一切外在的衡量条件，纯粹生发于两个人之间，既是肉体的吸引，也是灵魂的贴近。

　　至此，我们可以总结说：虽然爱情的根源是所有兽类共有的性本能，但是它绽放出了人类文明之光的美丽花朵。

　　沿着历史的河流上溯，我们去聆听一下中国的古人，谈谈那些风花雪月的事，只是为了看一看——在重重礼教礼法的束缚之下，生命之树怎样顽强地生根发芽壮大。

作为一个五千年文明的后裔，你，怎能忽视祖先的浪漫？他们不是冰冷的祠堂牌位，而是一个个曾经鲜活的生命。你有你的青春过往，他们有他们的绮丽情怀。

当爱的感觉逐渐遗忘时，静下心来，听一听血脉里涌动的潮音，那些风雅或者侧艳，怎不令你神往动容？

第一章

礼法之大防

南有乔木，不可休思。汉有游女，不可求思。汉之广矣，不可泳思。江之永矣，不可方思。

东汉 伏羲女娲画像石

相比于现代社会的人们，古人的爱情更像从缝隙里生长出来的草木。

绝大多数的爱情发生于异性之间，古代的仕女君子们却没有自由交往的环境，在礼法大网的笼罩之下，情感萌芽总是难能可贵。

为什么要严男女之大防？

原始社会的男女关系当然是自由的，而且最初只知有母不知有父，以母系血缘为核心组成社会。夏朝于文献无征，商朝存留的文献多为甲骨文、金文，因为书写不容易，故多为有关国体的大事记录，不涉及日常琐事。只能悬想一下彼时的社会氛围，男女交往应该相对自由一些。周朝继承了夏商两朝的文化遗产，通过制礼作乐，建立了完备的礼仪制度，从天地君臣之大礼，到男女交往之细节，莫不齐全，成为历代礼教的基础。

这个发展演变的过程，其实就是父系男权社会逐步确立的过程。

　　为了保证父系权力的世代交接，贵族阶层实行嫡长子继承制度。世袭、分封等权力与利益的分配手段，都是以父系血统为基础的。

　　怎么确保父亲所生的儿子是亲生呢？很显然，首先得限制孩子的母亲。倘若一个少女在父母身边纯洁地长大，随后嫁入夫家，终生不和丈夫之外的男人有非分来往，则其所生子女绝对是丈夫的后代。

　　如果没有严格的男女防范，在科学手段不发达，亲子鉴定绝无可能的情况下，父亲没办法保证儿子是自己的亲生，权力、家

业怎能顺利交接？而且，一旦血统混乱，乱伦将不可避免，人岂不成了禽兽？人和禽兽的重要区别，就在于人有礼仪，有伦理关系。

同时，古人又认可人的自然天性，诸如"食色，性也"；"饮食男女，人之大欲存焉"；"饱暖思淫欲"等等。这些说法雅俗不一，表达的却是同一个道理：人的欲望是本能的、天生的。对于性对象的向往与爱慕，无法抹杀。

尽管欲望是天生的，但是不能由着它为所欲为。一旦为所欲为，必然导致社会秩序的崩溃。只有加以限制和引导，才能使社会安宁，百事顺遂。

明 仇英 汉宫春晓图卷（局部）

　　"礼",就是为了节制和引导"欲"而产生的。

　　男女关系,以婚姻关系为正当,犹如天地合而后万物兴,男女结合是人间万世的起始,是所有伦理关系的基础。以礼约束人的行为,使男女有别,保证婚姻的神圣、丈夫的唯一,才能确定父子的血缘关系,儿子才有资格继承父亲的财产和地位,夫妻、父子的关系因此稳固,社会的基本建构就会稳固。"男女有别,而后夫妇有义;夫妇有义,而后父子有亲;父子有亲,而后君臣有正。"(《礼记·昏义》)

　　限制与分别,这就是礼的核心用意。

　　由于父系男权利益至上，在礼法规范当中，女人只是男人的附庸，她的个人需求、感情爱好等完全无足轻重。根据《大戴礼记·本命》、《白虎通义》等典籍的定义，"女"就是"如"，随从的意思，女子言行举止都随从男人的教导；"妇"，就是伏、服；"夫"，是扶持、扶助。总之，女人对于男人只有恭顺、服从，男人对于女人则是指导、帮助、引领。这个关系模式即著名的"三从四德"，未嫁从父，既嫁从夫，夫死从子。在人生的每一个阶段，女人都得听从男人的指挥。女人存在的首要意义，就是生儿育女、传宗接代。为了保证作为生产工具的最大效能，女人婚前婚后的贞洁格外重要，不

明 仇英 汉宫春晓图卷（局部）

得与其他男人通奸，以免淆乱夫家血统。如何实现这个目的呢？唯有严男女之大防。

严男女之大防，重在提前预防，而不是事后惩罚。看看《礼记·曲礼》《礼记·内则》中种种具体细致的规范，就可知道。

最重要的原则是男女内外有别，从活动区域、活动性质等方面，进行了严格的区分。

因为礼法是为贵族、士大夫阶层设立的，所以适用对象的家庭都有深宅大院。女人的天地局限于中门以内，是内室、闺房。男人则拥有除了内院之外的广阔世界。男女互相不混杂，"男不言内，女不言外"。这规矩是从娃娃抓起的，七岁以上，就"男女不同席，不共食"。

男女不能杂坐共处，不能随便交谈，不得随便递送东西，不能共用私人物品，比如毛巾啦、梳子啦，统统不行……甚至内外院所用的水井都要分开。女子出门的时候，必须把面容遮住，夜晚出行，必须有灯烛照明，否则不得出行；在大路上，男女也要各走一边，不得混杂……

已经出嫁的女儿，只能算是丈夫家的人，没有大灾大病的，不能随便回娘家探亲，即使回来，也是客人待遇，与自家兄弟都不能同桌吃饭了。至于没有血缘关系的男女，如叔嫂之间、庶母（父亲的小老婆）和继子之间，更要避嫌疑。春秋战国时代，甚至产生了一个讨论题，即"嫂溺叔援"合不合礼法。

这讨论题起源于著名的说法"男女授受不亲"，意思是男女之间不得已要递送东西时，不能直接用手接触，防止肌肤相亲。那

薛姬
髴田欲下丹青筆愁向秋
臺寶鏡明寫出素顏渾似
舊請君時把畫圖臨

明　陈洪绶　仕女图

怎么递呢？大概流程为：一方把东西放在托盘里，然后把托盘放在一边，另一方再从托盘里取东西。递个东西都这等麻烦，更亲密的行为简直想都别想。这个说法也泛指男女之间得保持距离。

《孟子·离娄上》说："男女授受不亲，礼也；嫂溺，援之以手者，权也。"

男女授受不亲，这是通常的礼法。现在问题来了，嫂子掉进水里了，小叔子恰好在旁边，他该不该伸手把嫂嫂拉出来？如果遵守男女授受不亲的礼法，他不该伸手拉嫂子。可是，能眼看着一个大活人淹死吗？于是，在这等危急的、非常规的情况下，就可以非常规行事了，小叔子应该伸手把嫂子拉出水，这叫做权宜之举。倘若这样的情况下，还顾及礼法，不肯伸手救人，就是"豺狼也"。

这种行为既然要研讨，说明它是有争议的，属于当时的一种道德困境。

我不怀好意地想，在礼法防范极其严格的时代，美丽的嫂子无意中掉进水里，英俊的小叔子奋勇抢救，嫂子会因此春心荡漾，爱上英雄救美的小叔子吗？如果是这样，她和他也没啥机会发展。因为救过这一次之后，嫂子依旧在深闺里呆着，小叔子依旧驰骋在广袤天地里，两人再无单独相处的机会。

何况，根据当时的社会情形，嫂溺叔援这事儿根本就不可能发生。礼是贵族与士大夫的规范，在上流社会的家庭里，嫂子所居只能是内院。如果她不小心掉进水里，身边的人也不过是婢女

清 余穉 花鸟图（局部）

仆从。就算她有意投水寻死，冲出来救她的也只能是在内院活动的人。无论哪种情况，分院而居、遵守礼法的小叔子都不会在嫂嫂的内院里突然冒出来，打破道德困境去解救她。所以，历史文献中并没有嫂溺叔援的真实事例，这只是一道供讨论的题目而已。

那么，民间有没有？特殊情况有没有？

清代姚元之《竹叶亭杂记》卷七记载了一个女子的贞烈事迹，她宁可淹死也不要被男人碰。道光十一年辛卯月，江水入海口，海潮暴涌，江水也因之泛滥。大水冲来时，一个女子躲避不及，水一下子就淹到她的腰部。有个陌生男人急切伸手抓住她，要拉她上岸。水里那女人却嚎啕大哭，一边哭一边数落："吾乃数十年贞节，何男子污我左臂！"接下来，她居然就近摸到一把菜刀，砍断自己的左臂，投水而死……

明 仇英 清明上河图（局部）

　　亚圣孟子明明说得清楚，看人掉水里还顾及男女之别不肯伸手救的都是豺狼！救人者没有当豺狼，本能地发挥了人道主义精神，被救的却如此矫情，何等畸形的贞节观念才能浇灌出这种奇葩啊！万分同情那个抓了她左臂的好心男人，会不会一生都笼罩在阴影里？

　　这应该是严男女之大防登峰造极的事例了吧？

　　不，还有更要命的。

　　海瑞是明代赫赫有名的清官，在中国历史上都数得着的清廉刚正。他的谥号叫"忠介"，也就是又忠诚又耿介。

　　据说，他有个五岁的女儿。有一天，这个小女孩正在吃饼。大约海瑞家没有吃零食的习惯，海瑞一看女儿吃饼就不高兴了，问饼是谁给的。

　　女儿回答是仆人某某。

　　海瑞大怒：男女授受不亲啊，你一个女人，怎么还随便吃男仆给的东西？你根本不配当我的女儿！你要知道羞耻，饿死算了！

　　小女孩给吓坏了，哭哭啼啼不再饮食。家里人千方百计劝说也无效，这孩子终究绝食七天而亡。

清 余穉 花鸟图

　　这个故事是假的，必须是假的，必须是野史编造的，否则，卫道士的人性得黑暗成什么样？这是清官吗？这是杀人凶手啊。仅仅五岁的孩子，童蒙总角，混沌未开，她懂什么男女授受不亲。

　　倘若故事为真，那就像鲁迅所云："这历史没有年代，歪歪斜斜的每叶上都写着'仁义道德'几个字。我横竖睡不着，仔细看了半夜，才从字缝里看出字来，满本都写着两个字是'吃人'！"（《狂人日记》）

　　瞧，在种种礼法规定之下，饿死事小，失节事大，男女之间有什么自由交往的可能呢？

　　总体来看，男女之大防自宋代以后，更加严格。元代时期，由于对蒙古异族统治的不满，汉族儒家人士矫枉过正，执行礼法，还出现了"警世功过格"，对每一个非礼行为给予细化，以达到警示世人的效果。如："非亲姐妹，手相授受，为一过；有意接手，心地淫淫者，为十过；……对妇女作调笑语，虽非有意，亦作五过；若有意者，为二十过。……在妇女前吟咏情诗艳语者，为五过；

有心歆动者，为二十过。"路上遇到女人，必须侧避，不能正视，更不能看了又看。至于不仅看女人，还要评头论足说人家长得好歹，更是过错。要想成为正人君子，天天拿这警世功过格给自己打分吧。

这些规定虽然不是严格的法律，但是久而久之，渗入民俗心理，略有见识的人，都会熟知这些伦理教条。

除了人为的空间阻隔，还有人格卑弱化教育，要求女子尽可能地温柔、驯服。《女论语·立身章》就规定女人的仪态是："行莫回头，语莫掀唇，坐莫动膝，立莫摇裙，喜莫大笑，怒莫高声。"种种繁文缛节，从行动上限制女人，从心理上矮化女人，使她们丧失自我意识，甘愿成为男尊女卑模式的奴仆。人心不同，其异如面。女人的天性千差万别，怎么可能套入相同的模式？即便从男人的角度来讲，他们也未必都喜欢标准化的贤淑温良吧。

人性与教条之间的矛盾，就酿成了一出出悲喜剧。

礼最初是为了上层贵族和士大夫阶层设立的。有身份有地位的人，占有更多资源，拥有更大利益，才会更加在意自己的继承人的血统，同时也要显示自己更加文明，为广大庶人作出榜样。所以男女之间的大防，主要是贵族阶层或者说社会上层人士所讲究的礼仪。而普普通通的老百姓，还有地位低下如奴婢等人，不读书不知礼，也没能力占有多个配偶，行为相对自由得多。这就叫"礼不下庶人"。

从另一方面来看，如果整个社会人人拘礼，也不好做事情。所以，就像小说、戏曲常有的情节那样，公子小姐身边必有小厮、丫鬟。公子小姐为礼法人士，遵守各种礼仪，互相以礼相待，绝对不能随便交往。但是小厮、丫鬟都是庶人，不必拘泥礼法，可以自由地进出门户，闲话聊天，甚至传递东西等等。礼法之士与庶人之间的关系，使得人与人的交往出现了弹性空间。

一张一弛，文武之道。整个社会的治理，也不能总是紧绷绷地拉着弦。既有礼法约束的时候，也有顺应人性人情放松的时候，好比紧张工作与节假休息日的轮替。各个时期、各个地区的风俗、民俗，就是人的各种欲望的集体展现，节日食品斗奇争巧，男女杂处，游玩赏乐，花样再多，也不过"食色"两个字。在民俗的时间与空间里，比如过年过节的时候，人与人的交往同样出现了弹性变化。

社会人际关系中的弹性空间，就是人性本能突破礼教、萌动生长的地方。

第二章

窈窕淑女　君子好逑

怎当她临去秋波那一转,
便是铁石人也意忘情牵。

　　爱情，不是俯拾即是，也不是惯看寻常，它是一种机缘，一种触发，一种不期然而然的惊喜和忙乱。有时候，没有明确的人，就是一份懵懂的期望，一份去陌生世界探险的好奇。暗暗的激动，像春天到来，含苞待放的花。我们知道它会开，但是开成什么形态，有没有香味，开多长的时间，都是未知数，唯有等待。

　　这种渴望，发于自然。每一种冲动，都是生命力的体现。伤春悲秋的情绪，就是情感的代偿。不能正常托之于性的渠道，只有把这种情绪抒发出去，才不至于黯然神伤。

关　雎

关关雎鸠，在河之洲。窈窕淑女，君子好逑。　　参差荇菜，左右流之。窈窕淑女，寤寐求之。　　求之不得，寤寐思服。悠哉悠哉，辗转反侧。　　参差荇菜，左右采之。窈窕淑女，琴瑟友之。　　参差荇菜，左右芼之。窈窕淑女，钟鼓乐之。

（《诗经·周南》）

　　《诗经》是周朝贵族子弟的教科书，以《关雎》作为第一篇，充分肯定了男女互相向往及爱慕之情。君子确切知道自己需要一位淑女,甚至都想象出了她的窈窕模样。在寤寐思服、辗转反侧中,他不能安宁,向往琴瑟和谐的生活。他想得到她,陪伴她,让她快乐。

可惜,能够和君子相配的淑女都是礼仪之家的女儿。有诗礼传统的大家族,深宅大院,重重关锁。女子所居在内院,平常的活动天地就在中门以内,至多走到中门,相见谈何容易。

最惹人情思的莫过于春天,万物萌发,充满生机,而人被寒冷束缚了整个冬天后,开始更多的户外活动,重获自由的感觉。女孩子们在深深院落里的欢乐,更是神秘而极具吸引力。

春天里,闺中女子最爱的游戏是秋千。秋千,大家都知道,就是两条绳子拴一块板,人在上面荡悠。早在春秋时期,北方的游猎民族山戎就开始这么玩,最初为了训练身体的敏捷度,后来渐渐流传开,发展成游戏器具。至于为什么叫"秋千",据唐人高无际《汉武帝后庭秋千赋》说:"秋千者,千秋也。汉武祈千秋之寿,故后宫多秋千之乐。"又有人根据所用材料,命名为鞦韆,这名字就有些做作了。游猎男儿的训练器械,变成了华夏女儿的游戏之具,而且普及范围相当广泛,"万里秋千习俗同"(杜甫)。

汉武帝时有了秋千的美名,唐玄宗时又有"半仙之戏"的称呼。富丽堂皇的唐朝宫廷中,每到寒食节,都竖起秋千架,让嫔妃宫女们戏要。女子花容月貌、霓裳云衫,秋千荡至半空中,衣袂飘扬,可不就像仙子临凡吗?

禁苑深深,难以窥见。而寻常人家的后花园,往往一墙之隔

就是大道。青春女儿的生机活力，也不是高墙可以围住的。女孩子们天真妩媚，荡秋千时欢声笑语，原本无心生发，如果怀春的少年恰好路过，听见佳人笑语，想象裙袂如仙，那份苦闷情怀何处诉说，真是惆怅之极。

蝶恋花·春景

花褪残红青杏小，燕子飞时，绿水人家绕。枝上柳绵吹又少，天涯何处无芳草。　墙里秋千墙外道，墙外行人，墙里佳人笑。笑渐不闻声渐悄，多情却被无情恼。

（宋·苏轼）

人当怀春之时，敏感得像一头猫，似乎异性的一言一行、一举一动，都有撩拨之意。多情敏感的心，无处寄托，岂不是被无情恼？春天渐渐远去，像人渐渐冷却了少年心。到处有芳草，到处有佳人，谁才是和自己倾心相依的那一个？

女子们也时常向往中门之外，甚至想走出最前面的大门。中

五代 赵昌 彩蝶图

门，是分隔她们和男人世界的一道界限。她偏偏要把倩影留在中门，故意给人一个顾盼。

偶　见

秋千打困解罗裙，指点醍醐索一尊。
见客入来和笑走，手搓梅子映中门。

（唐·韩偓）

这样的惊鸿一瞥，已经有诸多留意，但是相见如此不易，怎么倾诉衷肠呢？多半都是一见倾心，继而相忘罢了，多的是无疾而终的暗恋。我们可以想象这些闺中少女，平常罕见外人，偶然一个机缘，或者是故意走出中门，或者是客人无意中来到内院，匆匆而过，悄悄一瞥，四目相接，犹如在波心投入一颗小石子，总会泛起一圈圈情感的涟漪。

入情深者，也许已经有了心上人，却无法当面表白，无处诉说，只能在她经过的地方徘徊，迷醉于秋千索上纤纤玉手留下的香泽。这种青春的伤感，令人顾影低叹。心，也沉浸在微痛的甜蜜之中。

寒食夜

恻恻轻寒翦翦风，小梅飘雪杏花红。
夜深斜搭秋千索，楼阁朦胧烟雨中。

（唐·韩偓）

23

　　古代有身份有修养的人们都是诗人，用诗赋描写心中的理想女性，是他们特别乐意做的事情。汉末魏晋至南朝，出现了一股创作热潮，如张衡《定情赋》、蔡邕《静情赋》、阮瑀《止欲赋》、王粲《闲邪赋》、曹植《静思赋》、应玚《正情赋》、陶潜《闲情赋》、张华《永怀赋》、江淹《丽色赋》、沈约《丽人赋》等，从篇名到内容，都有一定的模式，首先是铺叙一位女子多么多么的艳丽无双，多么多么的温柔可爱，简而言之，梦中情人的范儿；再写自己的倾慕和迷恋；最后以礼义大防，归于闲正，整篇文章仿佛一场春梦呓语。如此模式化的创作，文人写起来却代代不已，孜孜不倦。

　　是不是每个男人都有一个女神梦？她是希望，是感召，是美的象征，奋斗一生的意义就是要找到她。可惜，身边经过的每一个女人都似是而非，只有可望而不可即的才是真正的女神。她永远在那遥远的地方，逗引着你的灵魂，令人既渴望又惆怅。

蒹　葭

蒹葭苍苍，白露为霜。所谓伊人，在水一方。溯洄从之，道阻且长。溯游从之，宛在水中央。　　蒹葭萋萋，白露未晞。所谓伊人，在水之湄。溯洄从之，道阻且跻。溯游从之，宛在水中坻。　　蒹葭采采，白露未已。所谓伊人，在水之涘。溯洄从之，道阻且右。溯游从之，宛在水中沚。

（《诗经·秦风》）

君子思慕淑女，淑女何尝不思慕君子？

明　尤求　人物山水图之一

　　君子们作为男性，可以在广大世界中自由行走。女子不能独当一面，重在辅助之功，要安于家庭事务，主中馈，让夫君无后顾之忧，专心于功名事业。所以，东汉班昭《女诫》、唐代宋若莘《女论语》等都教导女子要恭顺卑弱、清净自守、端庄忠贞。

　　明代汤显祖《牡丹亭》中的杜丽娘，就是一位才貌双全的官宦小姐。父母遵守礼法，一心把女儿教导成标准的淑女。她的日常活动除了做针线，就是跟着一名老儒读书，学习礼法教条。非礼勿视，非礼勿听，她写的字妩媚一点儿，老师都会不满。她长到十五岁了，在丫鬟的引领下，才第一次偷偷游赏花园，看见满园好风光，立刻惹动了情肠。

十五年的管教，敌不过半晌春光。

对于古代女子来说，她毕生最重要的事业就是成就家庭。既然只有这一件终身大事，肯定格外用心。春光灿烂，正像人的大好年华，这样美的时节，这样美的容颜，多么希望有情人欣赏相伴。孤零零终身无托，一颗芳心无寄，只能说春色越好越恼人，暗暗担忧年华流逝。

> 袅晴丝吹来闲庭院，摇漾春如线。……原来姹紫嫣红开遍，似这般都付与断井颓垣。良辰美景奈何天，赏心乐事谁家院。……朝飞暮卷，云霞翠轩。雨丝风片，烟波画船。锦屏人忒看的这韶光贱！……遍青山啼红了杜鹃，荼蘼外烟丝醉软。……闲凝眄，生生燕语明如剪，呖呖莺歌溜的圆。
>
> （明·汤显祖《牡丹亭》）

杜丽娘能够想象的未来，就是自己的夫君。那位君子有多大的天地，就决定了她能见识多大的天地。终身之事，不可不慎。她感慨道："吾生于宦族，长在名门。年已及笄，不得早成佳配，诚为虚度青春，光阴如过隙耳。可惜妾身颜色如花，岂料命如一叶乎！"

与其说她在抱怨没有早成婚配，不如说她在怨恨婚姻难以自主。她没有权利选择，只能被动等待，而不管等待的结果如何，她也没有任何更改余地。空有如花似玉的容貌、聪颖过人的才情，只能自怜自惜。对于命运的迷惘和青春的孤独感，交织成她的心曲。

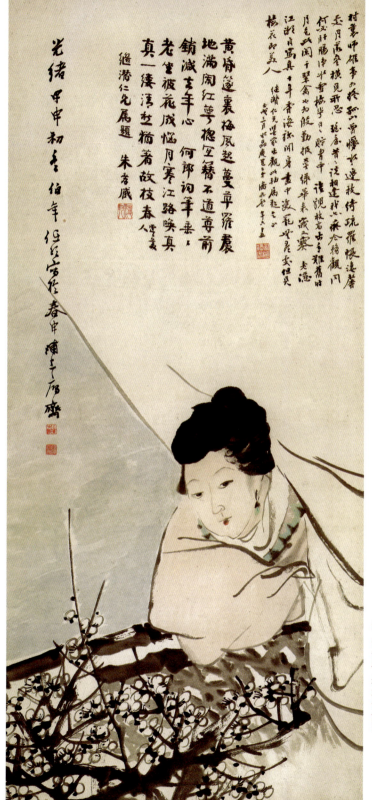

清　任伯年　梅花仕女图

　　这种闺房之内的情欲萌动很难有好结果，因为它违背了当时的世道伦理，没有合适的抒发渠道，只能自我压抑，说不得，道不得，悄悄写篇《美男赋》也是万万不可的。"春心莫共花争发，一寸相思一寸灰"（李商隐），就说出了个中酸楚滋味。

　　但是，不管怎样的高墙，也锁不住欢声笑语；不管怎样严格的规矩，也不能让青春的心沉寂，这就是生命的力量。因为闭锁，才激发冲动，越神秘越想探究，这就是人类对于禁果的态度。

第章　美丽的邂逅

穿花蛱蝶深深见，点水蜻蜓款款飞。
传语风光共流转，暂时相赏莫相违。

古人结合，注重父母之命、媒妁之言，所谓"聘则为妻，奔则为妾"（《礼记·内则》），妻的地位受保护，是与丈夫比肩的正式配偶，享受婚姻赋予的一切权利，不得随意休弃。妾则为下贱奴隶，形同财产，可以随意处置。而且，习俗、法律都禁止抑妻为妾；除非极其特别的情况，妾也不得升为妻。这就从良贱地位的规定上，警告企图私奔的人，尤其是女人，莫要一时昏了头，耽误终身。民俗歧视那些无正当关系而苟合的人，把他们等同于无礼的禽兽之行。

但是，《周礼·地官·媒氏》又说："仲春之月，令会男女，于是时也，奔者不禁。"在先秦时代的春天里，孤独的人是可耻的，私奔的人是无罪的。

春天阴阳交感，万物生长，主要生产方式如耕种、采集、畜牧等，都从此时开始。春天，意味着生机和繁殖，是最能感受到生命活力的季节，正是古人祭神求子的好时机。而且一年到头，人们均受礼法约束，唯有阳春盛景时候，可以自由选择配偶，不必固守先礼聘再结合的程序。如此安排，也体现出张弛有度的管理策略。人欲似洪水，一味堵截绝对不如合理疏导。

春风和煦，春日融融，人们在水边饮宴洗濯，这叫"祓禊"，其象征意义是：招魂续魄，清洁身体，去除旧年的尘埃、疾病和不祥，面貌焕然一新。这种习俗演变成了上巳节，即三月上旬的第一个巳日。"巳"字，有嗣、续之意，故巳日成为具有内涵的节日。

人们呼朋引伴，来到郊野，来到水滨，欣赏花草树木，嬉水玩乐。年轻的姑娘、小伙子，互致问候，由陌生的试探到熟悉的相伴，一起戏耍，连无聊的小事也变得格外开心有趣。何以表达这由衷喜悦？看那芍药芬芳艳丽，采一朵相赠吧。

唐 张萱 虢国夫人游春图

但愿你永远记得，在这个春天，有人和你一起欢笑。

溱 洧

溱与洧，方涣涣兮。士与女，方秉蕳兮。女曰观乎？士曰既且，且往观乎？洧之外，洵讦且乐。维士与女，伊其相谑，赠之以芍药。　　溱与洧，浏其清矣。士与女，殷其盈兮。女曰观乎？士曰既且，且往观乎？洧之外，洵讦且乐。维士与女，伊其将谑，赠之以芍药。

（《诗经·郑风》）

蕑，是一种兰草。古人认为兰有特殊的香气，佩戴兰草，可以去污辟邪。春水涣涣，碧波荡漾，士与女的对话，如流水一样活泼。

大约在魏晋之后，上巳节固定为三月三日，娱乐活动多种多样。曲水流觞、吟诗作赋，尤其受文人雅士的欢迎。

"三月三日天气新，长安水边多丽人"（杜甫），平常难得露面的名门闺秀、小家碧玉，都袅袅娜娜地来了，或乘车或步行，紫陌红尘，游人如织，士女杂处，怎能没有一见钟情的邂逅？

清 余稺 花鸟图

酒泉子

记得去年，烟暖杏园花正发，雪飘香。江草绿，柳丝长。
钿车纤手卷帘望，眉学春山样。凤钗低袅翠鬟上，落梅妆。

（五代·牛峤）

杏园繁花似锦，东风卷处，轻盈的花瓣如雪飘舞。华美的香车缓缓行来，车内佳人掀开绣帘，向外张望。纤手如玉，眉黛远山，乌云一样的发鬟上，精致的凤钗颤颤摇摇，牵惹人的视线，更醒目的是她额上一朵落梅妆晕，衬得容颜胜雪。

落梅妆，是一种别致的妆容。据说南朝宋武帝的女儿寿阳公主在含章殿檐下午睡，一朵梅花轻轻落在她额上。午睡醒来，梅花拂之不去，使公主的容颜格外娇艳。宫女们纷纷效仿，用颜料在额上点染梅花，号称落梅妆。其实，这种眉间额上的妆点，或许来源于远古时期的纹身绘面。不过，既然有了寿阳公主这样高贵浪漫的传说，大家更乐意听信。唐五代时期的女子，经常在额上或贴或画彩色的花钿，以助娇颜。花钿也叫花子，有各种形状，如圆形、叶形、水滴形、桃形等，材质多样，金、银、珠、玉，甚至纸，均可做花钿；也可用化妆颜料涂画而成。

这不期然之间逗露的美色，看痴了路边人，令他心动神摇，以至于一年过去，仍然念念不忘，写入清新小词中，缠绵追忆。倘若还想再见面，莫如同一个时节，再去同一个地方寻觅。只是能否再相遇，谁也说不准。相遇本属缘分，重逢更是天命。

唐代读书人崔护，到长安城南的郊外去游春，感觉口渴，就敲开一户人家的门，求碗水喝。只有一个妙龄少女在家，她给崔护倒了一碗水，又看着他喝水。她倚着一棵桃树，桃花开得灿烂。在她脉脉含情的目光下，崔护默默喝完这碗水，然后走开。两个人没有任何交谈。

转眼又是一年，重见桃花盛开，崔护不可遏制地思念起那位少女。也许，当时只觉得相遇很寻常，不过一碗水而已，且拘于礼法，相对默然。而一年过后，脑海中倩影宛在，崔护方才明白自己的心事。他再次来到城南，叩响她家的门扉，却无人应答，只好惆怅地题诗门上。

题都城南庄

去年今日此门中，人面桃花相映红。

人面不知何处去，桃花依旧笑春风。

（唐·崔护）

上巳祓禊，寒食禁火。从唐代开始，这两大节日逐渐和清明融合在一起。清明由节气演变为主要节日，郊游踏青与上坟祭扫并重，娱乐性质增强。

清明，就是清和景明之意，正是一年好时节。游人往往携带酒食、乐器，铺陈在绿茵之上，花明柳媚，繁管急弦，醉了眼，醉了耳，更醉了心。

思帝乡

春日游，杏花落满头。陌上谁家年少，足风流。　妾拟将身嫁与，一生休。纵被无情弃，不能羞。

（唐·韦庄）

罗敷女
两过园林桑叶稀
千柔柔罗敷秦地罗敷
比是天仙谪九州

明 佚名 千秋绝艳图（局部）

礼法之设，阻隔了多少有情人，有无破解办法呢？

《醒世恒言·闹樊楼多情周胜仙》讲述了一个发生在北宋都城汴梁的故事。踏青归来，少女周胜仙去茶坊歇息，和范二郎蓦然相见，互相钟情，却碍于身份，不好直接搭讪。机灵的周胜仙借故对卖糖水的人发火，大声说出自己的姓名身份："我是曹门里周大郎的女儿，我的小名叫作胜仙小娘子，年一十八岁，不曾吃人暗算。你今却来算我！我是不曾嫁的女孩儿。"句句落在范二郎的耳朵里。范二郎心花怒放，也有样学样，同样买水，同样呵斥卖水的："好好，你这个人真个要暗算人！你道我是兀谁？我哥哥是樊楼开酒店的，唤作范大郎，我便唤作范二郎，年登一十九岁，未曾吃人暗算。我射得好弩，打得好弹，兼我不曾娶浑家。"

　　这隔山打牛的对话，好笑之极。搭讪本来就是一门高深的学问，在不得随意交谈的情况下，进行自我介绍，难度更高。无怪乎诸多的心动，只能终止于单相思的诗词了。

　　节日里适合邂逅陌生人，所有的节日里，最不设防、最具狂欢色彩的还要数元宵节。

　　元宵节观灯的习俗兴起于汉代。在男主外女主内、分工明确的时代，"男不拜月，女不祀灶"。灶神为火主阳，月神主阴。春节前的祭灶、春节期间的祭祖等事项，都是男人主导，女人退居内室。而春节过后的元宵节，月圆之夜，却是女人们唱主角的时候。女人们走出私人空间，走出中门、大门，来到家庭之外的公共空间，虽然只是秩序上的短暂调整，对于放松身心、调适情绪却大有好处。

　　唐代元宵观灯的节俗蔚然成风。当时本有宵禁的律条，每晚城门、坊门关闭之后，闲杂人等一律不准在街上停留，必须回家

明　佚名　宪宗元宵行乐图

清　包栋　仕女图

或投宿，直到清晨五更时分开门鼓响过，才能自由行走。保卫皇城的官兵在街上巡逻，一旦抓住犯夜的，就严加治罪，只有疾病、死丧、生育等急事可以豁免。但是，元宵节就"金吾不禁夜，玉漏莫相催"（苏味道）了，不再宵禁，人们可以在街上闲逛，观灯看歌舞，要多晚就多晚。皇帝后妃也与民同乐。

唐睿宗先天二年（713），正月十五前后，在长安安福门外设置了高大的灯轮，燃起五万盏灯，火树银花，璀璨无比。几千名宫女都穿着锦绣罗绮，珠翠满头，争奇斗艳。有关机构又在长安城里挑选出上千名妙龄女子，同样装扮得花枝招展，于灯轮下踏歌三天三夜，壮观之极，欢闹之极。

唐代以后的元宵节越发隆重，狂欢气氛往往持续三天、五天甚至十天。灯彩辉煌，熙熙攘攘，又逢三五月圆。如此盛大的节日，女人们纷纷出游，理论上男人应该退避。

但是这样好的开眼界机会，谁肯躲在家里呢？人在夜晚本来就少
了几分道貌岸然的拘谨，趁着看花灯，把看灯的人也一并饱览。
所以，元宵节名义上是看灯，其实是既看灯又看人，甚至主要是
看人。

北宋洛阳的元宵之夜，司马光的夫人情绪高涨，精心打扮好
了，准备出门看灯。

司马光说：家里就有灯，何必出门去看呢？

夫人说：不光看灯啊，还想看看人。

司马光说：切！出门看人？难道我是鬼啊？

司马光堪称儒家教化的典范人物，他刚直不阿，又谦恭温良，
宋哲宗时位至宰相；学识渊博，史才卓越，独力撰著编年史《资
治通鉴》；更难能可贵的是，虽然无子，他也毕生不纳妾不蓄妓，
操守谨严……即使这么完美的丈夫，元宵节到了，夫人都不肯陪
他，跃跃欲试要出门瞧新鲜，还打扮得漂漂亮亮。看人就是图个
热闹，一年一次，错过可惜。

生查子

去年元夜时，花市灯如昼。月上柳梢头，人约黄昏后。
今年元夜时，月与灯依旧。不见去年人，泪湿春衫袖。

（宋·欧阳修）

去年与佳人同游，倍感欢乐；今年人儿不在，佳节亦暗淡。
那些无人陪伴的，去街上又想遇见谁呢？

明 仇英 汉宫春晓图卷（局部）

青玉案·元夕

东风夜放花千树，更吹落、星如雨。宝马雕车香满路。凤箫声动，玉壶光转，一夜鱼龙舞。　蛾儿雪柳黄金缕，笑语盈盈暗香去。众里寻他千百度。蓦然回首，那人却在、灯火阑珊处。

（宋·辛弃疾）

这不是旧相识捉迷藏，更像一个人在娓娓描述自己的理想。

他在元宵之夜寻寻觅觅，彩灯辉耀着美女们的衣香鬓影、珠光宝气，他希望堪破这眼前的浮华，找到自己的梦中情人。她如此脱俗，如此不同凡响，只在灯火阑珊处蓦然出现，提醒人生的意义与价值。在严男女之大防、对于美好异性多数凭空想象的时代，能突然看到符合理想的人儿出现，的确是浮华世间不可多得的美梦。

在元宵、寒食、清明、上巳这些节日里，男女混杂，摩肩擦踵、眉来眼去，都是约定俗成的，其主要作用并非集体相亲，而是增加对社会、对异性群体的见识。古人的这种心理，类似于今天的人们去海滩凑热闹，说是游泳、日光浴，其实两只眼睛总是不自觉地流连于各色泳衣下的胴体。

第四章

墙头马上

昨夜星辰昨夜风，画楼西畔桂堂东。
身无彩凤双飞翼，心有灵犀一点通。

只可远观不可亵玩的意淫，是无法满足基本人欲的。总有
些大胆的家伙要突破重重障碍，将朦胧的渴慕变成踏踏实实的恋
爱。鉴于男女之大防，留给他们的相识机会极其少，但是几乎每
一个可能的机会都成为突破口。

人与人的关系总是由浅入深，尤其是有心相爱的，往往先试
探，再联络，通过不断的联系加深彼此认识，达到关系稳定阶段，
再表白倾诉，进入真正的相爱相处阶段。当然啦，不管什么机缘，
一旦有了心上人，想办法沟通消息，用情书、礼物表达爱意，期
望巫山云雨之会，是极其自然的反应。跨越重重阻隔，最后所要
求的无非是肌肤相亲、同床共枕。所以，没有必要把爱情过于高
雅化，仿佛不食人间烟火才是真爱。

我们且走出诗词中单相思的纯美意境，去瞧瞧市井生活中的
古人，他们的搭讪方式真是多姿多彩。

《喻世明言·张舜美灯宵得丽女》讲述了杭州城里的上元佳
节。张舜美一边观灯，一边诗兴勃发，口占《如梦令》一首，带

清 费丹旭 秋风纨扇图

着丫鬟来看灯的刘素香恰好听见，两个人"痴呆了半晌，四目相
睨，面面有情。那女子走得紧，舜美也跟得紧；走得慢，也跟得
慢；但不能交接一语"；后来在人群中挤散。第二天晚上，张舜
美又早早来到前日相遇之地，"立了一会，转了一会，寻了一会，
靠了一会，呆了一会，只是等不见那女子来"；又作词解闷。好
容易看到昨天那美女又带着丫鬟出现了，"舜美随于后，那女子

偶尔回头，不觉失笑一声。舜美呆着老脸，陪笑起来。他两个挨挨擦擦，前前后后，不复顾忌。那女子回身捽袖中，遗下一个同心方胜儿"。方胜儿由一张花笺纸折成，上写着一首《如梦令》，表达爱慕之情，词后面还写清楚了自己家的具体地址，甚至表明第二天父母兄嫂都不在家，可以上门约会。

次晚，张舜美就跑到人家门口，唱着新作的《如梦令》，来回打转。刘素香自己掀帘出来，把情郎迎接入绣房。

这是在热闹节日当中、大街上的结识。倘若是常规场合，男女有别，各有各的活动区域，就很不容易碰面了。一道墙分隔了内外。要想偷期密约，就得积极主动地跨越障碍，突破墙的阻隔。

唐代白居易《井底引银瓶》介绍了一种陌生男女相识的方式："笑随戏伴后园中，此时与君未相识。妾弄青梅凭短墙，君骑白马傍垂杨。墙头马上遥相顾，一见知君即断肠。"后花园的墙不高，女子在墙内，男子骑着马在墙外，正好两下里看见，彼此钟情，而后悄然私奔。诗歌重在抒情，没有过多细节交待，具体勾搭的可行性措施欠奉。

元代白朴在白居易这首诗的基础上，敷衍成一出杂剧《墙头马上》，大大丰富了故事情节，也把原诗当中自怨自艾的无名女主人公，改编成了敢爱敢恨、敢做敢当的官宦小姐李千金。对于男女主人公相识的方式，无任何改动，依旧是小姐李千金园内赏春，公子裴少俊墙外骑马，眉目传情，恋恋不舍。不过，白朴把两人进一步交往的过程细致化了：裴少俊当即写情诗一首，让仆人张千送给小姐的丫鬟梅香，梅香再转交小姐。李千金也当即答诗一首,约定今夜在后园相见。这种效率比张舜美、刘素香还要高,堪比时下都市的一夜情。当夜,裴少俊果然跳墙进入后园,成就好事,并带走了李千金。

《警世通言·王娇鸾百年长恨》也集合了古人恋爱的诸种因素。清明节时候,天朗气清,闺中女儿王娇鸾和曹姨、婢女等在后花园打秋千,正玩得高兴,忽然有人大声喝彩。众人惊看,原来是个俊俏书生站在墙头缺口处。王娇鸾羞红了粉面,赶紧带着众人躲回闺房。那个书生周廷章却趁机跳进墙内,在秋千架子旁徘徊,幻想着嗅嗅女儿香。忽然看到草丛中有一条三尺线绣香罗帕,他如获珍宝,赶紧捡起来,又跑回墙缺处。王娇鸾的婢女来寻找罗帕时,他故意不给,还写了一首情诗要求转交给小姐。于是,两个人也一来二去唱和上了,逐渐情根深种。

女子生活在内院墙内,限于柔弱的体质,她们只能采取等待的姿态,等待着勇敢的骑士发现她们,然后翻墙进来。

将仲子

将仲子兮,无逾我里,无折我树杞。岂敢爱之?畏我父母。仲可怀也,父母之言,亦可畏也。 将仲子兮,无逾我墙,无折我树桑。岂敢爱之?畏我诸兄。仲可怀也,诸兄之言,亦可畏也。 将仲子兮,无逾我园,无折我树檀。岂敢爱之?畏人之多言。仲可怀也,人之多言,亦可畏也。

(《诗经·郑风》)

少女与邻里的少年相恋,没有父母之命、媒妁之言,只好偷

鸳鸯秘谱之一

偷摸摸来往。少年性急，要翻墙来亲热，少女胆战心惊，委婉央求，你不要来翻我家的墙，不要攀折我家的树，不是心疼这些树枝，也不是不想你，就是害怕父母、兄弟、邻居知道，影响我的清白名誉啊。

因为表面上还要遵守礼法，还要维护名誉，故只能偷情。既然是"偷"，首先得有矫健的身手，不能爬墙，万事皆休。

晋代韩寿是权臣贾充的下属，姿容俊美。有一次在贾充家里聚会，贾充的女儿贾午从窗棂中看到韩寿，非常喜欢。从此，这女儿经常吟诗，发白日梦。再后来，她受不了这种煎熬，就壮壮胆子，派婢女跑到韩寿家，转达自己的相思之意。婢女添油加醋

廣寒宮闕舊遊時
鸞鶴天香捲繡旗
自是嫦娥愛才子
桂花折與最高枝　唐寅

明　唐寅　嫦娥折桂圖

表述了一番，还特意补充说贾午长得很漂亮。韩寿被打动了，如此白富美当前，又这般主动，怎可错过？他也委托婢女向贾午致意。一来二去，两人约定了幽会佳期。韩寿一向体格健壮、身手敏捷，翻墙进入贾府后院，和贾午双宿双飞了很久，竟然都没有人发觉。

如果墙太高，还可以里应外合，用梯子接应。古典世情小说里类似的记载非常多。一旦约会不成，梯子用不上，墙也跳不了，就两下里哀愁了。

代 赠

楼上黄昏欲望休，玉梯横绝月中钩。
芭蕉不展丁香结，同向春风各自愁。

（唐·李商隐）

墙，只是一道物理分隔，犹如规定清楚的条条款款的礼法，但是，能不能防得住，还得看人自身。如果是女子先看中男子，要主动引诱，墙，也是一种好道具。

战国时期宋玉作《登徒子好色赋》，描绘了一个东邻美女："增之一分则太长，减之一分则太短；著粉则太白，施朱则太赤；眉如翠羽，肌如白雪，腰如束素，齿如含贝；嫣然一笑，惑阳城，迷下蔡。"真是无与伦比、完美至极。这样倾国倾城的美女，与宋玉比邻而居，仅隔着一道院墙。她从墙外看见宋玉，倾心不已，为表达爱慕，就经常登上墙头，窥视他的动静，就像宋玉所云"登墙窥臣三年"。可见这墙也不高，否则一个妙龄弱女怎能天天爬

墙头呢，估计也就是一堵矮墙，人站在东边，就能把西边的一切尽收眼底。

可惜宋玉以正人君子自诩，不为美色所动，任凭她天天在墙边暗送秋波，自己没事儿人一样。这份定力，就来自君子之礼法。倘若宋玉色心大动，一定会趁着暮夜，跳墙去邻家，和美女幽会。

跨越墙头的传情，似乎格外有吸引力，连可以遁地隐形的妖物都喜欢这种方式。

冯相如正坐在自家庭院里歇息，月光如霜，洒满地面。他忽然看见东邻女儿正在墙上窥视。身为一介男人，他当然不害臊，也没宋玉那么矫情。他大大方方看回去，发现是个美貌女子，就忍不住走过去，靠近那女子。女子在墙头上微微含笑。相如用手招她，她既不来也不去，就那么微笑着。相如着了迷，不停地恳求她。她终于顺着梯子下了墙，与相如共寝。这个月夜墙上窥情

鸳鸯秘谱之一

郎的东邻女，其实是个狐妖，详细情节请看《聊斋志异·红玉》。狐妖有神通，她本来可以毫无障碍地出现在相如面前，却偏偏学人世间那些怀春的女儿，墙头上露出一面，脉脉传情，似迎还拒，魅惑之极。

以上这些墙头马上的爱情奇遇，大多数来自文学创作，彼此之间也有因袭。比如红玉与窥宋玉的女子，都是东邻美女。对于熟悉经典的读书人来说，下笔顺手，左撷右掇，根本不必实有其事。

真正的情形到底如何？君子仕女能否如此轻率？没有历史文献佐证，还是很令人怀疑的，就像《红楼梦》第五十四回借贾母之口所嘲讽的："这些书都是一个套子，左不过是些佳人才子，最没趣儿。把人家女儿说的那样坏，还说是佳人，编的连影儿也没有了。开口都是书香门第，父亲不是尚书就是宰相，生一个小姐必是爱如珍宝。这小姐必是通文知礼，无所不晓，竟是个绝代

佳人。只一见了一个清俊的男人，不管是亲是友，便想起终身大事来，父母也忘了，书礼也忘了，鬼不成鬼，贼不成贼，那一点儿是佳人？便是满腹文章，做出这些事来，也算不得是佳人了。比如男人满腹文章去作贼，难道那王法就说他是才子，就不入贼情一案不成？可知那编书的是自己塞了自己的嘴。再者，既说是世宦书香大家，小姐都知礼读书，连夫人都知书识礼，便是告老还家，自然这样大家人口不少，奶母丫鬟伏侍小姐的人也不少，怎么这些书上，凡有这样的事，就只小姐和紧跟的一个丫鬟？你们白想想，那些人都是管什么的，可是前言不答后语？"

贾母说得有没有道理？且看贾府的气派。

这"贾不假白玉为堂金作马"的豪门，有个世袭的三品爵位，

清 杨晋 豪家佚乐图

是皇帝的外戚，但就整个官僚系统而言，并不是最权贵的，只能是中层偏上。贾府核心人物贾政不过是区区工部员外郎。

伟大而贫穷的唐代诗人杜甫曾任"检校工部员外郎"，就是享受工部员外郎的待遇，故世称杜工部。从杜甫的境况看，这个官职可发不了财。唐代官阶分为九品，每一品又有正从上下的区分，五品以上为高级官僚，而工部员外郎是从六品上，并不高级。

贾政的官职，按照清朝来计算，也不过从五品，同样不高级。

根据《红楼梦》详尽切实的描写，贾家的府邸、宅院、田庄、仆从规模既大，规矩又多，小姐们有好几层的贴身丫头、奶娘、粗使丫头、老妈子等，每个主子平均得有十几人来伺候。饶是这样，王夫人还感慨她们姊妹的生活太简陋，比不上当年黛玉之母在闺

中的排场。这些千金小姐与外界没有交往，她们的生活完全是被安排好的，有些额外的需求，也是通过家中的男人去实现。如探春让宝玉买小玩意儿，薛蟠给宝钗带土特产，惜春的画具由凤姐命令管事的仆从去购买等。

除了长辈贾赦、贾政以及未成年的宝玉、贾环等，其他男人几乎没有机会见到小姐们。只有在极其重大的家庭事务场合，如秦可卿的丧礼上，薛蟠才趁着混乱，无意中瞥到一眼风流婉转的林黛玉。小姐们的居所都在深深的后园之内，园内有院，如潇湘馆、蘅芜苑、秋爽斋等，又各有各的院门，根本不可能从大观园的墙上，看到外面的野男人。

中层偏上的贾府，就已经如此规模如此讲究，比贾府更有财势的家庭，也可以想象了。

所以，墙头马上的一见钟情，即便有，也只会发生于宅院浅狭的小家碧玉或者市井女子身上，不大可能发生于业大势大规矩大的大户之家，除非这闺秀自己去引诱，如贾充的女儿主动招引韩寿。贾母说得对，宰相、尚书之府，必定是书香门第，诗礼传家，绝不是暴发户式的有钱没规矩，这样家庭的小姐略看见个男人就发花痴，肯定是瞎编的。古代编剧的、演戏的都没有阔气过，

鸳鸯秘谱之一

他们却搬演一些富贵人家的生活，给老百姓看。偏偏老百姓都爱看，这心理就像月入五千的小职员喜欢看时尚杂志介绍的月入几万或更多万的生活，其实杂志编辑自己也不过月入八千。

如此说来，在古代，最有私奔风险的是识文断字的小家碧玉。房屋毗邻街道，女眷稍不留心，就被路人瞧见了。又因为女子有点儿小才情，男人可以传递书简，直接勾搭，反正小丫头看不懂。怪不得古人痛心地说："女子无才便是德。"女子有才，必然可以

金瓶梅

接受更多信息，有见识有头脑，不安于室，容易和其他男人交往。无才的文盲，啥都不懂，就是听从自己家的男人吩咐，当然愚忠得好。

　　其实呢，天要下雨，人要风流，与识字多少并没有太大关系。任何群落的人，都有性需求，能管住自己的和管不住自己的，几乎一样多。

　　市井人物的勾搭方式当中，最著名的要属潘金莲的帘子。《水浒传》和《金瓶梅》的有关描写大致相同。武松出差之前，训诫了一番武大和潘金莲。武大谨遵兄弟教诲，潘金莲也收了心，每天勤谨度日。这天，她估摸着卖炊饼的武大该回家了，就张罗着放门帘关大门，一不小心，手中放帘子的叉竿打到了从旁边经过的西门庆。西门庆莫名其妙挨了打，正要发火，回头一看，竟是个妖娆妇人。他拈花惹草的本性顿显，身子都酥了半边，笑嘻嘻地打躬。潘金莲赶忙拜礼道歉，西门庆再回礼说不妨事。只这一下，两个人就看上对方了。

　　如果是识字的文酸秀才，可以直接托人递情书。不擅长递情书的世俗商贾如西门庆，就要通过牵线人。这类中间人多半是三姑六婆，"三姑者，尼姑、道姑、卦姑也；六婆者，牙婆、媒婆、师婆、虔婆、药婆、稳婆也"（《辍耕录》卷十三），基本上涵盖了古代女人在为人妻母之外的所有社会角色，即出家人、算卦的、做买卖的（尤其是买卖姜婢）、做媒的、跳大神的、拉皮条的、卖药的、接生的。

　　她们多为年长女性，已经失去性吸引力，可以抛头露面和男人来往；又身为女人，可以毫无障碍地进入后院深闺，从而成为沟通男女内外信息的特殊人物。她们通晓人情世故，能言善辩，巧言令色，又贪图小便宜，容易被收买，甚至为虎作伥，被称作"淫媒"。

　　为西门庆、潘金莲作伐的王婆就是个典型形象。王婆看穿了西门庆的心思，先后收受了银两、衣料等物品，为两人制造机会，欺瞒武大。如果没有王婆帮忙，西门庆想直接勾引有夫之妇潘金

清 焦秉贞 仕女图册之一

莲，还是不容易的。所以武松为兄报仇时，把王婆和潘金莲看作同罪，一并杀死。

男女勾搭的牵线人的力量有多大？《喻世明言·蒋兴哥重会珍珠衫》有更细致的描写。蒋兴哥外出经商，逾期不归。妻子王三巧日夜思念，站在自家楼上张望，误把大路上走来的商人陈大郎看成丈夫，目不转睛盯着瞧。那陈大郎警醒抬头，原来是个美貌女子正不眨眼地看自己，以为她喜欢自己呢，当即丢个眼色过去，把错认郎君的王三巧羞得满面通红，赶紧关窗子躲进房间。

陈大郎的魂儿都被王三巧给勾走了，满心里想着要把这个女人搞到手。

陈大郎求助的人物就是卖珠子的薛婆。有钱能使鬼推磨，他直接摆出一百两白银、十两金子，还答应事成之后再酬谢白银百两。薛婆见钱眼开，尽管她此时根本不认识王三巧，却胸有成竹地设计了一个局。

她先借着买卖珠子，和陈大郎在街面上讨价还价，吸引得王三巧也要看货。通过这一步的买卖交往，薛婆和王三巧结识了，同时也让陈大郎再次进入王三巧的视线。薛婆有意讨三巧的欢心，巧舌如簧，小意儿服侍，从最初的买卖关系发展成后来的闺蜜关系，王三巧少了薛婆都寂寞，一天不见就忙忙地去请。

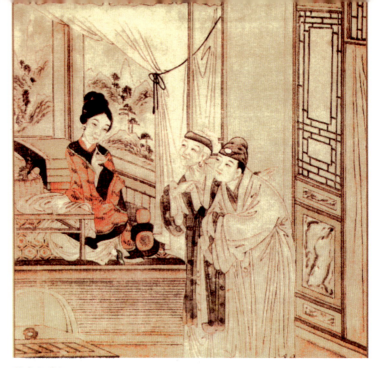

鸳鸯秘谱之一

　　再说两个人的谈话题材，薛婆也是高明得很，首先离间人家的夫妻关系，只说蒋兴哥出外，抛闪了娘子，只顾得在外头快活，哪里想家。王三巧和丈夫感情再深，奈何长久不见，又错过归期，难免疑心丈夫在外有勾当。后来，薛婆托言家里热，干脆搬到王三巧这里住，名义上是做伴，其实也是进一步制造机会。夜里两个人絮絮叨叨聊天，薛婆尽讲些年轻时偷汉的情事，勾动妇人的春心。这样天天耳濡目染，青春年少的王三巧就被说动了。

　　由春历夏，直到七夕之夜，整整半年的攻心之术大获成功，在婆子安排下，陈大郎终于和王三巧共赴云雨，如胶似漆。

　　看看薛婆这营销手段，用在正经事情上，还有个不成功的吗？

　　所以，务必要警惕三姑六婆，"最是人家不可与他往来出入。盖是此辈功夫又闲，心计又巧，亦且走过千家万户，见识又多，路数又熟，不要说那些不正气的妇女，十个着了九个儿，就是一

琵琶记

些针缝也没有的,他会千方百计弄出机关,智赛良、平,辩同何、贾,无事诱出有事来。所以宦户人家有正经的,往往大张告示,不许出入"(《初刻拍案惊奇·酒下酒赵尼媪迷花 机中机贾秀才报怨》)。

　　墙头马上的相识,都是由情开始,以欲终结。在古人笔下,跳墙逾穴、欺夫窃妻的不正当关系,都没有好下场。西门庆、潘金莲成了横死之鬼;陈大郎猝死异乡,王三巧由妻变妾……这些故事不能叫爱情故事,只能叫通奸故事。小说作者们特意写出来,供世人警戒。

　　与谴责通奸的笔触不同,写到闺中女儿的遭遇,多半是同情、叹息。如白居易《井底引银瓶》告诫:"为君一日恩,误妾百年身。寄言痴小人家女,慎勿将身轻许人!"

　　在古人的观念里,婚姻"合二姓之好,上以事宗庙,而下以继后世"(《礼记·昏义》),是非常神圣而重大的,娶来的妻子要主持家事、教养儿女，品德最重要。不经父母之命、媒妁之言，自行私奔苟合就有淫荡嫌疑。这样的女人不顾礼法，受不住诱惑，不配做正妻，也被男人轻视。一个巴掌拍不响，有私奔女必然有私奔男，但是私奔女失去了做妻子的资格，私奔男的名誉却没有太大影响。女人是礼法约束的主要对象，也承担了主要的恶果，"士之耽兮，犹可说也，女之耽兮，不可说也"（《诗经·氓》）。

归根结底，这不是天性问题，而是社会问题。谁占有更多的资源和权力，谁就在男女关系上拥有更大的支配权和话语权。女人权势大到一定程度，如女皇帝武则天，也可以公然养面首，犹如男人置妃纳妾。可惜这样的女人比凤毛麟角还稀少。男权长期

清 恽寿平 九兰图

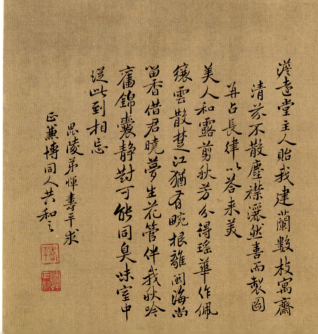

占主导的社会，自然要想方设法压制女人，保证男人的优势地位。两性之间既是长期的合作，又是长期的战争。

　　有时候，比较开通的父亲会为女儿制造择偶条件。唐代李林甫以口蜜腹剑著称，属于著名奸相之列。李奸相却有六个女儿长得国色天香，仕宦人家仰慕其美名，争相求聘。李林甫在自家厅壁上开了一扇窗子，装饰着宝物，垂挂着纱幔。家中来了少年才俊，就让女儿们从窗里自行查看，看中了谁，就和谁家商议婚配。能够在李林甫家登堂入室的青年，也不会是等闲之辈。这是在基本家庭条件相当的情况下，让女儿们自主选择外貌、气质可意的郎君。

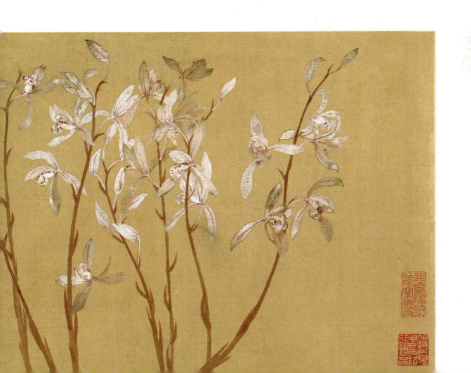

清 顾洛 小青小影图

李林甫这种做法在历史上绝无仅有。大多数的闺中少女，是没有任何机会自选情郎的，更不可能离开深闺去相亲约会，无奈之下，只好梦中离魂。

按照古人的观念，如《礼记》、《左传》等有关记载以及孔颖达注疏，人有魂魄，精灵为魂，形体为魄。魂魄共同决定了人的聪明智识以及各种行为。魄为阴神，魂为阳神。人活着的时候，一般情况下，阴不沉抑，阳不飞腾，各守其宅。一旦肉体死亡，魂魄就分离了，魄附形入土，魂离体上升。古人认为梦就是阳魂活动的产物。阳魂不飞腾，则睡觉沉稳没有梦。如果有梦，必定是魂飞腾活动的结果。因此，人活着的时候，魂也可离体，此时离体的魂就是生魂，而

清 费以耕、张熊 梅月嫦娥扇面

且往往发生在梦境当中。

《幽明录·庞阿》说庞阿长得潇洒俊美，同乡石家的女儿无意中看到，不可自拔地爱上了他。没过几天，石氏女就主动上门来找庞阿。庞阿是有老婆的，老婆见这女子公然来找自家老公，不由得妒恨交加，命令婢女把石氏女绑起来，打发她回家去。谁知半路上，被绳子捆住的石氏女忽然化为烟气，消失不见。

慌张的婢女跑到石家说明情况。

石父大吃一惊，说我家女儿根本就没有出过门，你诬赖！

庞阿的妻子得知后，也很无奈，只好提高警惕。某天晚上，她又见到石氏女赫然出现在家中，就亲自绑起来，押送到石家。

石父一见，惊愕不已，说我刚从内院过来，明明看见女儿和母亲一起做活，怎么被你绑起来了？他赶紧把内室的女儿唤出来，此时被绳子缚住的那个石氏女忽然又消失了。

内室里出来的石氏女说自己对庞阿一见钟情，时常梦中去找

他，没想到会被庞妻捆住。

这到底是怎么回事呢？《幽明录》说人的精神、感情太过执着的时候，魂灵就会离体。去找庞阿、被绳子绑住的原来是石氏女离体的生魂。没多久，庞阿的妻子忽然得了怪病，一命呜呼。庞阿就名正言顺娶了石氏女。呃，这故事真是恶趣味。石氏女明明就是一小三，不过这小三的追求精神真彻底，硬是逼死了正室，把自个儿给转正了。

唐传奇《离魂记》也是闺中少女奋勇追爱的故事。

衡州官员张镒曾经许诺要把女儿倩娘嫁给外甥王宙，后来又应允了别人的求婚。他没想到的是倩娘和王宙已经彼此钟情。王宙失望之余，托言要参加科举考试，诀别而去。他从水路前往京城长安，日暮时分，已经行了数里山郭，泊舟歇息。王宙满腹心事，半夜了还翻来覆去睡不着，忽然听到岸上有急匆匆赶路的声音，转眼间已经到了他的船上。竟然是倩娘披散着头发、赤着脚跑来了！

王宙惊喜发狂，握着她的手赶紧询问。

倩娘哭着说，知道王宙的深情，自己也非他不嫁，宁可舍弃
父母婚约，亡命来奔。

王宙欢欣踊跃，把倩娘藏在船里，连夜逃跑，几个月之后到
了蜀地，就定居下来。他们安稳生活了五年，生了两个孩子。倩
娘开始思念父母，日夜哭泣。王宙看这情形，十分怜惜妻子，就
决定带她回衡州。

到达之后，王宙先去张府，检讨自己和倩娘私奔的罪过。王
镒说你开什么玩笑，倩娘病在闺中几年了，怎么可能跟你私奔？

此时，舟中倩娘、闺中倩娘，笑盈盈地相迎，翕然合为一体，
衣裳都重叠在一块儿了。原来随王宙私奔的只是倩娘的生魂，看
起来这个灵魂和实体无异，居然还能生孩子。我知道，这不科
学……

《牡丹亭》中的杜丽娘思春，也是在梦中，与陌生的书生柳
梦梅，完成了一场美妙的性爱。梦中情景深刻影响了她，以至于
她醒来之后就相思成疾，一病不起。有意思的是，柳梦梅同样在
梦中来到了杜丽娘的花园。由于情节发生在杜府的花园中，故应

该是书生柳梦梅梦中离魂，飘飘然来到杜府，与离魂的杜丽娘相遇。两个人都走进了对方的梦里。

这些美丽而奇幻的文学创作，看似荒诞，实则具有内在的逻辑真实性。备受束缚的闺中女子春机发陈，却只能强行压抑，终日恍惚，可不就像丢了魂儿？甚至有人会自恋自怜，引发精神疾病。

宋代女子薛琼枝，本为湘潭人，随父居住在杭州。每当疏雨淅沥、落英飘零时节，她总在珠帘之内，对镜自语，不知不觉清泪如丝，洒落衣襟。久之缠绵成疾，奄奄一息，还强撑病体，索要笔墨，作了一幅自画像，画中的她头簪鲜花，容颜动人。刚刚画完，她又亲手毁掉，随后换上飘飘然的霓裳，手中倒执一柄玉如意，又让婢女手捧胆瓶，瓶内插一枝未开的牡丹，在一旁侍立。她久久凝视着这枝牡丹，忽然悲痛交加，就此绝气，年方十七岁（《蕊宫仙史》）。

薛琼枝此症，被今人称作"影恋"，如果及时配得如意郎君，不至于如此。

女孩子待字闺中，神秘、美丽。她们的一颦一笑，喜怒悲欢，都富有诗意，引人遐思。从八岁到八十岁的男人，都喜欢十八岁的美女。艺术作品最让人喜闻乐见的题材就是妙龄女郎。如此美女，未沾人间雨露，就香消玉殒，岂不太可惜了？

既同情闺中少女的寂寞压抑，又讥讽、防范淫奔之行，在自然天性和道德规范之间，难以平衡，这是古人的矛盾。而迷失于本能，模糊了道德规范，又是现代人的困境。

第五章

互通款曲、巩固感情的信物

远路应悲春晼晚，残霄犹得梦依稀。
玉珰缄札何由达，万里云罗一雁飞。

　　信，在古代汉语中，指诚信、相信、信任等。东汉许慎《说文解字》对信的解释为："诚也。从人从言。会意。"这是个会意字，人和语言的结合，指人的言行诚实不欺、真诚可靠。信物，自然是具备"信"之意义的物品。

　　婚礼中的聘礼就是一种信物。《礼记·昏义》、《仪礼·士昏礼》都对婚姻六礼"纳采、问名、纳吉、纳征、请期、亲迎"做出了阐释，其中的"纳征"就是正式下聘礼，是非常重要的环节。

　　我国历史上第一部完整的法律《唐律疏议》，对于聘礼也做出了特别说明，"婚礼先以聘财为信"，"聘财无多少之限,酒食非"。

　　聘礼，虽然不讲究价值轻重、数量多少，但从民俗心理上，还是要尽量特别一些、郑重一些。聘礼要具备持久性。酒食是宴会上大家共享的消费品，显然没有什么特定的、持久的意义，无法充当聘礼。聘礼不能轻率。头巾手帕之类，可以作为民间普通行为的信物，但不适合用作隆重的婚姻聘礼。

　　只要接受了聘礼，就等于婚约成立，不得再悔婚，即使没有红纸黑字的婚书，也不妨碍婚约的法律效力。唐代法律确定了这一规范，宋元明清均沿袭使用。

作为婚约的信物，聘礼相当于今天签合同支付的定金。接受聘礼的一方（一般是女方）如果悔婚，必须返还甚至加倍返还聘礼；如果给付聘礼的一方（一般是男方）悔婚，则不得索回聘礼。悔婚一方，还会受到刑罚。

聘礼的形式，包括礼物和金钱。通常来说，富贵人家重礼物不重钱财，甚至有媒妁之言，婚约即可成立。穷苦人家则重钱财不重礼物，也不为贪财，多是无力置办嫁妆，要将聘礼之钱转为嫁妆费用。

明白了聘礼对于婚姻的意义，就可以说明信物对于爱情的意义。爱情关系当中的信物，并不见于礼仪规定，像是非正式的聘礼，或者说是聘礼的初级阶段，并不约定婚姻，却能表达对眼前这段感情的认真，有的也直接导向了婚姻。"多半才子佳人都因小巧玩物上撮合，或有鸳鸯，或有凤凰，或有玉环金佩，或有鲛帕鸾绦，皆由小物而遂终身。"（《红楼梦》）所以信物不能轻易给人，只要给出了，就得对这份感情负责到底，否则会遭受负心之谴责。

爱情试探期，心理微妙，患得患失。现代男女尚且如此，何况古人？为了互通款曲，巩固关系，情网中的人儿几乎是八仙过海，各显其能。

一　音　乐

音乐，无形无质，并不能作为信"物"，但是在传情达意方面最富有感染力，是超越国界的语言，多少人一曲定情，所以可

明 仇英 吹箫引凤图

算作一种特殊的信物。

　　古人特别重视音律，认为"大乐与天地同和"（《礼记·乐记》），即音乐与天地自然相和谐。诗书礼乐是古代君子必备的修养。有关乐的修养，多是通过抚琴、听琴来实现。《白虎通义》说："琴者，禁也。所以禁止邪淫，正人心也。"

　　琴声可以反映抚琴人的心绪与情愫。

古诗十九首之五

　　西北有高楼，上与浮云齐。交疏结绮窗，阿阁三重阶。

　　上有弦歌声，音响一何悲。谁能为此曲，无乃杞梁妻。

　　清商随风发，中曲正徘徊。一弹再三叹，慷慨有余哀。

　　不惜歌者苦，但伤知音稀。愿为双鸿鹄，奋翅起高飞。

　　齐庄公发兵攻打莒国，齐国大夫杞梁战死，他的妻子到郊外迎丧。骤失夫君，凄凉无助，四海之内无可归之亲，瑶琴再无知

音之人，她悲哀至极，哭声极其惨痛，一路上凡是听到的人无不流泪，结果城墙为之崩塌。这西北高楼上传来的悲声，只有杞梁妻的情感与之相称。

高山流水觅知音，只求找到那个能听懂的人。否则，弹得再高妙，无人欣赏，无人理解，岂不是更大的悲哀？一代名将岳飞就曾经慨叹："欲将心事付瑶琴，知音少，弦断有谁听？"

中国传说中，由音乐结缘的最早的一对眷属，应是弄玉和萧史。

春秋时代，秦国萧史擅长吹箫，其声音美妙清远，犹如凤凰鸣叫。秦穆公把女儿弄玉嫁给他，并特意为他们修筑了凤楼。萧史便在这凤楼之上，教弄玉吹箫。夫妻合奏，乐声美妙无比，居然真的引来了凤凰飞临。于是，弄玉乘凤，萧史乘龙，双双飞升。

明代冯梦龙在《新列国志》中对这个故事又进行了艺术性的加工，改编成弄玉擅长吹笙，并且要寻找一个可以和自己唱和的佳偶。后来，寻访到吹箫高手萧史，成就姻缘。在一个清凉的月夜，萧史、弄玉笙箫和鸣，赤龙紫凤翩翩飞来，夫妻分乘龙凤升天成仙。

无论乐器是什么，其本质都是求知音。演奏者寄托了满腔情思，倘若对牛弹琴，有何意思？唯有知音人才会感动。尤其是琴，平和雅正，至纯至清，重在自我的精神平舒，养中和之德性，绝对不是为了取媚他人。能听懂琴韵的，必是和弹琴者襟怀相当的人。

汉景帝时，蜀人司马相如出任皇家侍卫"武骑常侍"，但并不受重用。他又辗转去了梁地，投奔梁孝王。好景不长，梁孝王病逝。司马相如此时一贫如洗，无法立业。他的好朋友王吉任临邛（今四川邛崃）县令，邀请他前往，并极尽礼遇。在王吉的有意抬举之下，司马相如很快名满临邛。当地大富豪卓王孙特意宴请，司马相如几番推辞后方才出席。宴席之上，王吉又恭请相如弹琴。相如不得已，尽情展现了自己的琴艺。

就像后人所解读的那样，王吉、司马相如联手布局，就为了卓王孙的女儿卓文君。文君有才有貌，精通音乐，可惜年纪轻轻就守寡，如今正住在娘家。司马相如早已听说了文君的美名，有心结识。于是好哥们王吉利用自己的县令权力，为他策划了这一出"琴挑"。

文君也知道司马相如的大名，一直在留意前厅的各种动静。

古琴

风求凰

司马相如仪表堂堂，风度翩翩，一曲《凤求凰》委婉情深，打动了暗地里听琴的文君。文君明白了他的心意，也爱慕他的仪容。后来，司马相如买通了文君的婢女，两人得以暗通消息。文君竟然不顾严父之命，和相如私奔了。

司马相如的琴名为"绿绮"。绿绮琴和《凤求凰》，成为后代琴挑的必备良器。

王实甫《西厢记》"崔莺莺夜听琴"一节，张珙就有意效仿司马相如，弹奏《凤求凰》。词哀意切，如鹤唳天。莺莺听见，感慨泪下，"知音者芳心自懂，感怀者断肠悲痛"。

如果两人皆是音乐高手，彼此唱和，彼此欣赏，则生活的情趣比普通人更多一些，虽不会真的升仙，也必定令人艳羡。

南宋绍熙二年（1191）冬天，词人姜夔前往苏州，拜访居住在石湖别墅的诗人范成大。姜夔在范府逗留了一月之久，期间写作了著名的《暗香》、《疏影》。出于对姜夔才情的赏识，范成大将善于歌唱的侍婢小红送给他。姜夔带着佳人返回湖州，一路舟行，轻歌妙韵。

清 任伯年 松溪吹箫图

过垂虹

自琢新词韵最娇，小红低唱我吹箫。

曲终过尽松陵路，回首烟波十四桥。

（宋·姜夔）

　　任凭世上风波险恶，一叶扁舟，退隐江湖。那份洒脱，那份超然，尽在悠悠乐声中，渐行渐远，成为天地间的传说。

　　有知音相伴，直到天涯海角都是浪漫。

二　花　笺

弹琴毕竟是少数人才能精通的技艺，写字则没有过高难度。所以，书信传情是最普遍的方式，在花笺上写诗表达爱慕，更是饱读诗书的古人最常用的手段。

所谓花笺，即有花色纹样的笺，是运用特殊工艺专门制作的纸或绢。历代特种笺纸的名号非常多，根据记载，有金花五色绫笺、十色笺、金沙纸、杂色流沙纸、彩霞金粉龙凤纸、绫纹纸、青白笺、苏笺、销金花白罗纸、泥金银云凤罗绫等。

因为花笺精美雅致，闺阁中人尤其喜爱。

花笺也不能算是信物，但是它承载的信息最多，也是赠送实物时必备的传情书和说明书。前面提到的《墙头马上》《王娇鸾百年长恨》等，男女主人公都是笺书往还的。

与花笺最相宜的，自然是美文。才子佳人用生花妙笔，精心结撰优美的诗歌、骈文，写于别致的花笺之上，真是赏心悦目，用心良苦。

元代王实甫的杂剧《西厢记》历经各类剧种的搬演，可谓家喻户晓。它渊源于唐代元稹所作的传奇小说《莺莺传》。而《莺莺传》，据宋代人考证，就是诗人元稹的亲身经历。

唐代贞元年间，张生寄宿于蒲州普救寺，适逢军队作乱，他借助朋友之力，保全了寺内人和财物的安全。同样寄寓在寺内的崔氏孀妇非常感激，让女儿莺莺出面拜谢张生。张生一见惊艳，

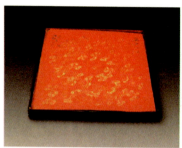

清 黄地金绘龙纹笺纸等

魂梦颠倒地只求一亲芳泽。

他私下里拜托莺莺的婢女红娘，得到红娘的指点，说莺莺擅长诗文，可以先作情诗以乱其心。张生大喜，立刻写成春词二首，交给红娘，当天是二月十四。

晚上，红娘就带着彩笺来见张生，彩笺上是莺莺所写的一首诗《明月三五夜》："待月西厢下，迎风户半开。拂墙花影动，疑是玉人来。"

张生认为这是莺莺的邀约，于十五之夜，他攀援一株杏树，跳墙来到莺莺所住的西厢房。不料莺莺端服严容，当面斥责张生，要求以礼自持，无及于乱。那态度实在是义正词严、庄重不可亵犯。绝望的张生只好又翻墙出去。

二月十八，张生正独寝，莺莺却在红娘捧持下，夤夜前来，自荐枕席，成就欢好。

这前后矛盾的举止，究竟是怎么回事呢？莺莺初次收到张生的情诗，出于闺中少女的羞涩和矜持，更由于一贯被礼教拘束，第一反应只能是生气，还伴随着强烈的好奇。但是，她采取的回应方式非常特别，居然用暧昧的情诗，把人家勾引来，再当面痛斥人家不守礼法。这种小把戏，似乎在卖弄自己的诗才。

见面之后，该说的都说了，该骂的也骂了。张生被弄熄火了，莺莺自己却开始燃烧了。

生平所收到的第一份情书叩开了少女的心扉，使她不可能再冷静下来，翻来覆去，反而得以细细思量张生的好处，终于春心动荡，主动前往。两人结合之后，张生又作《会真诗》三十韵，与莺莺共欣赏。在这场发生于西厢的艳遇中，诗笺起到了关键的

明 唐寅 红叶题诗仕女图（局部）

明 陈洪绶 西厢记·窥柬

推动作用。

在王实甫改编的《西厢记》中，两人的第一次直接交流，也是吟诗酬对。

莺莺在月下烧香，虔诚许愿。张珙躲在暗影里偷窥，将莺莺的祝祷全都听进耳朵里，有意撩拨，于是高声吟咏诗句："月色溶溶夜，花阴寂寂春。如何临皓魄，不见月中人？"

莺莺不禁赞叹好清新之诗，也立刻应酬道："兰闺久寂寞，无事度芳春。料得行吟者，应怜长叹人。"

张生诗句说赏月不见人，月中人为仙子嫦娥，询问仙子何在，其实是问对面的姑娘：你可听见我的心声？

莺莺则答以闺中伤春情绪，说明同病相怜之意，正好回复了他的问讯。如此体貌，又如此聪颖有才的女子，令张生越发倾倒。

情诗写得好，既要雅致，又得明白。善于用典故，可事半功倍。生活在唐朝的人们，尤其善于情诗往还。唐传奇《步飞烟》更提供了情诗与花笺相得益彰的好例证。

步飞烟是武公业的爱妾，精通秦地的音乐，好文笔。书生赵象是他们的隔壁邻居。

某天，赵象从墙壁隙缺处窥见了步飞烟，惊得魂儿都飞了，不思茶饭，发狂心荡。他在薛涛笺上题写了一首绝句：

> 一睹倾城貌，尘心只自猜。
> 不随萧史去，拟学阿兰来。

薛涛笺，是一种专门的诗笺，据说是唐代女诗人兼名妓薛涛所造，又称浣花笺、红笺等，色如桃花，纹样精美，尺寸小巧。薛涛曾经用此笺与当时的著名诗人唱和。赵象刻意挑选美丽的笺纸，表达浪漫情怀。他赞扬飞烟容貌不凡，好像还没有随萧史飞升的弄玉，好像暂临人间的仙女杜兰香。

看门人之妻充当了他们的信使。步飞烟也爱慕赵象的大好才貌，就在金凤笺上酬答：

> 绿惨双蛾不自持，只缘幽恨在新诗。
> 郎心应似琴心怨，脉脉春情更拟谁？

金凤笺，是一种描金花笺，在纸或绢上，用金银粉绘出各色花样，如龙凤、花鸟、折枝花卉等。飞烟毫不避讳自己的感情，

清 金绘云龙宫绢（一盒五十张）

清 沈铨 玉兰孔雀图

以闺中幽怨来对郎心春情。

赵象又以剡溪玉叶纸赋诗以答：

> 珍重佳人赠好音，彩笺芳翰两情深。
> 薄于蝉翼难供恨，密似蝇头未写心。
> 疑是落花迷碧洞，只思轻雨洒幽襟。
> 百回消息千回梦，裁作长谣寄绿琴。

剡溪玉叶纸，顾名思义，是剡溪生产的如同玉叶一样的纸。越中多古藤，当地人以藤造纸，其纸薄、韧、白、滑，故美称为玉叶纸，又名剡藤。

赵象这首诗很有意思，赞扬剡纸薄于蝉翼，其实是欲抑先扬，无论多么美丽精致的纸，无论写多少字，也不能表达深深的情意。

这首诗送走之后，一连十天杳无音讯。赵象坐卧不宁，直到飞烟回复方才安心。依然是一首清丽小诗，不过，这次是写在碧苔笺上：

> 强力严妆倚绣栊，暗题蝉锦思难穷。
> 近来赢得伤春病，柳弱花欹怯晓风。

唐代李肇《国史补》曰："纸之妙者，则越之剡藤、苔笺……"据说苔笺是在造纸流程中添加水苔制成，苔色绿，故纸名碧苔笺，也是唐代名声颇优的一种纸。

飞烟开始在诗句里撒娇，写自己不胜晓风的怯弱，惹起赵象满心怜爱。

近代 吕彤 蕉荫读书图

这次回复似乎要弥补十天无音讯的遗憾，除了情诗，飞烟还赠给赵象一个连蝉锦香囊。香囊也是重要的爱情信物。连蝉锦，据说是有连理花纹薄如蝉翼的锦缎。

赵象把香囊珍重地放在怀中，然后赶忙写回信，表达殷切问候。这次他选用的信笺是乌丝阑。乌丝阑，又作乌丝栏，是以黑丝在白绢上织出界线。如果是红丝为界，就叫朱丝栏。既是绢素，必然珍贵。

其信中说自己担心飞烟的弱体，想去探望她，又苦于无法相见，"忧抑之极，恨不翻飞"，劝飞烟"企望宽情，无至憔悴"。所附诗为：

应见伤情为九春，想封蝉锦绿蛾颦。
叩头为报烟卿道，第一风流最损人。

他深深理解飞烟伤春的心情，这一种风流是天生禀赋，最能感应物情、怜惜花草。

飞烟感动于赵象的理解，回信中叹息自己所配非偶，幸亏遇

到公子,又相见不易。这次她的诗歌明确表达了与赵象相好的意愿:

> 画帘春燕须同宿,兰浦双鸳肯独飞?
> 长恨桃源诸女伴,等闲花里送郎归。

她希望同宿双飞,也希望长长久久地挽留住情郎。

赵象得到这样的表白,喜不自胜,在约定好的时间里,登梯子爬过墙,那边飞烟已经命人重叠起座榻来接应。两人终于尽情享受了缱绻之夜。

第二天,赵象又托门媪送给飞烟一首诗:

> 十洞三清虽路阻,有心还得傍瑶台。
> 瑞香风引思深夜,知是蕊宫仙驭来。

把昨夜之欢畅,比拟成会真游仙,赞扬飞烟之魅力,表达自己之迷恋。

飞烟酬答为:

> 相思只怕不相识,相见还愁却别君。
> 愿得化为松上鹤,一双飞去入行云。

就这样歌咏寄情,偷期密约,来往了一年左右,直到被奴仆告发。按照他们的酬唱频率,怎么也得上百首诗了,天下的好花笺也肯定被用过一遍了。

《二刻拍案惊奇》卷九《莽儿郎惊散新莺燕 伣梅香认合玉蟾蜍》的男女主角同样通过诗笺和情书加深了解,并定情盟约。

市井人家的女儿杨素梅父母双亡,依傍兄嫂居住。某天,她在自家楼上凭窗而望,一墙之隔就是金员外家的花园。员外的外甥凤来仪正住在花园里读书。凤生、杨素梅四目对视,俱各有情。

凤来仪为了进一步打动她,故意朗声吟诗:"几回空度可怜宵,谁道秦楼有玉箫。咫尺银河难越渡,宁教不瘦沈郎腰?"

秦楼玉箫,运用了萧史和弄玉的典故,表达自己正期盼一位知音人,可以恩爱相伴,共度良宵。

银河,自然是牛郎织女的典故,牛女双星被银河阻隔,比拟自己和楼上美女之间的距离,明明可以相望,却无法亲近。牛郎织女为夫妻,凤生和杨小姐却是陌生人,此处故意使用一个有关夫妻的典故,也是表明自己有意和杨小姐成双对。

沈郎腰,出自南朝沈约。沈约为齐梁时期的著名文人,他在一封致友人书信中说自己既病且瘦,腰带都经常移孔。沈腰,就成为文人常用词,指日渐消瘦。凤来仪用沈约这个典故,既表示自己为相思而消瘦,又借沈约自比,颇带几分风流自赏。

杨素梅也能读书识字,一听就明白这诗的用意,心中倍增好感。

后来,在丫头龙香的指点下,凤来仪又写了一首情词《满江红》:"木落庭皋,楼阁外、彤云半拥。偏则向、凄凉书舍,早将寒送。眼角偷传倾国貌,心苗曾倩多情

清 翠镂双蝠双喜佩

种。问天公，何日判佳期，成欢宠？"这首
词的意旨更加直接，明白询问何日才是相见的佳
期。

素梅是个有主意的姑娘，她见了这首词，并不唱和来
唱和去地卖弄聪明，而是实打实地在花笺上写了几句话，表明自
己的看法：

> 自古贞姬守节，侠女怜才。两者俱贤，各行其是。但恐
> 遇非其人，轻诺寡信，侠不如贞耳。与君为邻，幸成目遇，
> 有缘与否，君自揣之！勿徒调文琢句，为轻薄相诱已也。聊
> 此相复，存心已尽，无多言。

素梅要做怜才的侠女，但是担心所托非人，耽误终身。凤生
如果有意，就不要老是写这些轻薄诗词，得拿出个实实在在明明
白白的态度来。

凤生展读花笺，大赞素梅有见识。他特意开箱子，取出一件
精工古玩——白玉蟾蜍镇纸，并写一封书信：

> 承示玉音，多关肝膈。仪虽薄德，敢负深情？但肯俯通
> 一夕之欢，必当永矢百年之好。谨贡白玉蟾蜍，聊以表信。
> 荆山之产，取其坚润不渝；月中之象，取其团圆无缺。乞订
> 佳期，以苏渴想。　辱爱不才生凤来仪顿首　素梅娘子妆前

据说月亮上有蟾蜍，月宫又称蟾宫，月亮别称蟾月、蟾魄。
白玉蟾蜍是真正的信物。它的象征意义，凤来仪在信中说得很清

状水
一朵名花出洛陽天香國
色世無雙惹佳人折向深閨
去如顏花容總斷腸

楚，玉坚润不渝，月团圆无缺，象征感情之坚贞圆满。

素梅回信如下：

> 徒承往复，未测中心。拟作夜谈，各陈所愿。固不为投梭之拒，亦非效逾墙之徒。终身事大，欲订完盟耳。先以约指之物为定，言出如金，浮情且戒，如斯而已。

还附了一首诗："试敛听琴心，来访吹箫伴。为语玉蟾蜍，清光今夜满。"

这封信应允了凤生的约会要求，同时说明自己的态度，简言之，就是不拒绝不主动，要慎重。晋代谢鲲调戏邻家高氏女，高氏女很生气，将手里的梭子狠狠投过来，打掉了谢鲲两颗牙。素梅不会这么对付凤生，也不愿意毫无体统地跳墙幽会。她需要一个盟誓，彼此约定终身。她回赠的金戒指也有象征意义：言出如金，说话算数，绝不更改；戒掉浮薄之情，留住真情、深情。

经过这一番花笺往还、金玉相赠，两人终于开始了第一次约会。

花笺上的情诗，不是附庸风雅，不是词语点缀，而是古人的应用文。作诗乃读书人的基本素养，科举考试的必考项目，连诗都不会写的人，基本上没法走仕途。在"万般皆下品，惟有读书高"的年代，不走仕途也相当于没前途。所以，写得一手好情诗，不仅仅是说漂亮话，也是在暗示自己有才能，前程似锦。

三 珠 宝

在确定恋爱关系的过程中，仅仅几页纸、几句情话是不够的，

明 金镶宝珠玉鱼篮观音挑心（上）
明 金镶玉嵌宝万寿顶簪（下）

明 金累丝蜂蝶赶菊花篮簪

明 金嵌宝掩鬓

"玉珰缄札何由达"（李商隐），情书还要附送礼物，更显得郑重
其事。送什么礼物好呢？月亮可以代表你的心，但是你不能把月
亮摘下来。常见的爱情信物要么贵重，要么实用，要么有象征意
义，满足其一就是合格的礼物了。

在爱情信物当中，珠宝的应用历史相当悠久，从古至今，都
是情人相赠的上上之选。因为其外形美观、价值昂贵，送与心爱
之人，表达承诺和喜爱，十分合适。直到今天，中外民俗依然崇
尚以珠宝定情、缔结婚约。

（一）玉制品

玉制品，是最富有中国传统文化特色的贵重礼物。上文所言
凤来仪送给素梅的白玉蟾蜍镇纸就是一种玉制品。

中国的玉文化源远流长。玉器，既是美的饰物，更是礼仪的
体现。因为玉天生具备的特性，如温润、晶莹、纯粹、坚硬、纹
理等，被赋予通灵的神性，又与人应该拥有的美德比类相似，可
以昭示尊严与地位，从而成为高贵神圣的象征，在礼乐系统中占据
至尊地位。如君王祭天仪式，多以玉为礼器。古人用玉的理念，也

是礼仪制度的重要基础。

子贡曾经问孔子：为什么君子以玉为贵，以珉（像玉的石头）为贱呢？难道是因为玉少珉多，物以稀为贵吗？

孔子回答：这跟数量多少没关系，而是因为玉具有多种品德。"温润而泽，仁也；缜密以栗，知也；廉而不刿，义也；垂之如坠，礼也；叩之，其声清越以长，其终诎然，乐也；瑕不掩瑜，瑜不掩瑕，忠也；孚尹旁达，信也；气如白虹，天也；精神见于山川，地也；圭璋特达，德也；天下莫不贵者，道也。"（《礼记·聘义》）君子的品德就像玉的品德，所以君子重视玉。

这段话如果不好理

西汉 右夫人组玉佩

解，还有一种更简洁的评价，《五经通义》说玉有五德："温润而泽，有似于智；锐而不害，有似于仁；抑而不挠，有似于义；有瑕于内，必见于外，有似于信；垂之而坠，有似于礼。"

君子比德于玉，经常佩戴玉饰，没有什么重大缘故，玉饰不会离身。这既是对君子操守的提醒，也是君子自身德行的象征。

在历史上，玉器的应用，有作为国家重宝的礼器，如玉璧、玉琮等，还形成了舆服用玉的制度，规定了皇帝、太子、亲王、官僚等服饰如何用玉；民间对玉的由衷喜爱，则形成了数量更多的世俗日用品，如玉佩、玉环、玉簪、玉扇坠等。

玉有"仁义礼智信"的美德；质地坚实，犹如感情之牢固；价值珍贵，不忍轻弃，适合长久保存；绝不变质，亦不贬值，又不像金银那般炫目和俗气，与感情的温柔、温润正相匹配……玉制品，也成为古人心目中最佳的爱情信物。

木 瓜

投我以木瓜，报之以琼琚。匪报也，

明 玉佩

永以为好也。　　投我以木桃，报之以琼瑶。匪报也，永以为好也。　　投我以木李，报之以琼玖。匪报也，永以为好也。

（《诗经·卫风》）

你送我木瓜、木桃、木李，这份心意我深深感怀，我愿意与你永远相好，只有美玉才能表达我的志诚。所以，琼琚、琼瑶、琼玖，并不是价值相当的回报，而是郑重的盟誓信物，对爱人做出的保证。

女曰鸡鸣

女曰鸡鸣。士曰昧旦。子兴视夜，明星有烂。将翱将翔，弋凫与雁。　　弋言加之，与子宜之。宜言饮酒，与子偕老。琴瑟在御，莫不静好。　　知子之来之，杂佩以赠之。知子之顺之，杂佩以问之。知子之好之，杂佩以报之。

（《诗经·郑风》）

这是一篇幸福的诗歌。柔情与热烈，琴瑟和谐。女子说鸡叫了，该起床了。士说还早呢，天上星星还眨眼睛呢。与子宜之、与子

妃嫔用的妆奁

偕老、莫不静好等，仿佛款款抒情，柔声低诉。而杂佩以赠之数
句，则激情如鼓声，鞺鞺鞳鞳。你属于我、依顺我、钟爱我，我
的喜悦无以言表，唯有用珍奇的杂佩赠予你、温存你、报答你。

　　杂佩，是把多种形制的玉佩连缀在一起，有珩、璜、琚、瑀、
冲牙等，组合并不固定，更富有装饰美。

四愁诗

　　我所思兮在太山，欲往从之梁父艰。侧身东望涕沾翰。
美人赠我金错刀，何以报之英琼瑶。路远莫致倚逍遥，何为
怀忧心烦劳。

我所思兮在桂林，欲往从之湘水深。侧身南望涕沾襟。
美人赠我琴琅玕，何以报之双玉盘。路远莫致倚惆怅，何为
怀忧心烦快。

我所思兮在汉阳，欲往从之陇阪长。侧身西望涕沾裳。
美人赠我貂襜褕，何以报之明月珠。路远莫致倚踟蹰，何为
怀忧心烦纡。

我所思兮在雁门，欲往从之雪雰雰。侧身北望涕沾巾。
美人赠我锦绣段，何以报之青玉案。路远莫致倚增叹，何为
怀忧心烦悁。

（汉·张衡）

该诗最引人注意的就是，美人赠送的物品多种多样，有佩刀、
美石、华服、丝绸等，诗人回赠几乎全是玉制品，如琼瑶、玉盘、
玉案等，这与《卫风·木瓜》同义，都是在表达最高的敬重和盟誓。

所思念的人儿在泰山、桂林、汉阳、雁门，东南西北，到处
都是我的爱恋，奈何山遥路远，风霜雨雪，没有一处可以抵达，
就连回赠佳人之美玉明珠，也无法送达，无边情意统统落空，东
南西北每一段感情都不得圆满，心中烦忧如何表达？

恋人之间赠送玉制品，无论该物品是什么用途，首先注重的
都是其作为玉的性质和价值。

在《莺莺传》中，莺莺赠给张生的礼物有玉环一枚，她在信
中说明这玉环"是儿婴年所弄，寄充君子下体所佩。玉取其坚润
不渝，环取其终始不绝。……意者欲君子如玉之真，弊志如环不

汉 玉舞人

解……"这个玉环是一枚系在腰间的玉佩，莺莺希望张生的感情如玉一般坚润不渝，也表明自己的感情如环一般终始不绝。

与玉相关的品质还有超凡通灵，神仙结亲也要玉做信物。

唐代的裴航在旅途中，倾心于同舟的樊夫人，夫人却婉拒之，并赠其一首诗："一饮琼浆百感生，玄霜捣尽见云英。蓝桥便是神仙窟，何必崎岖上玉清。"

裴航不解其意。后来他经过蓝桥驿，非常口渴，就去路边的茅屋求水。老妪呼唤云英递水，水甘美如琼浆玉液，云英娇艳无比。裴航想起樊夫人之诗，惊喜交加，于是向老妪求娶云英。

老妪为捣灵药，只要求玉杵臼为聘礼。裴航与之约定百日为期，便即刻动身往长安寻访。他把正经科举的事儿都撂下了，天天在街巷闹市当中叫嚷玉杵臼，终于得到卖玉老翁的指点，又前往虢州，花费了二百缗钱才买到了玉杵臼。一缗为一千文铜钱，二百缗就是二十万，在当时是一笔巨款。裴航拿出了所有的盘缠，又卖掉了仆人和马，才刚刚凑够数。

商　玉凤

他独自拿着玉杵臼，步行回到蓝桥，又为老妪捣药百日，终于和云英结为秦晋之好。成亲之际，他方才知道云英、老妪、樊夫人都是神仙中人。

谦谦君子，温润如玉。中国人，尤其是汉族，对玉的喜爱根植于民族性格当中，玉制品就成为了首选的爱情信物。

（二）首饰

爱美之心，人皆有之。早在原始社会，人们就开始用贝壳、兽牙、骨管、石珠等作为装饰品。随着金属加工工艺的进步，首饰的样式与材质越来越精美。珠玉、金银、水晶、玛瑙、犀象、琥珀等，广泛应用于发饰、额饰、颈饰、耳饰、臂饰、手饰以及服饰。

同样是挽发，一支金钗可能还不如一段荆条好用。荆条遍地都是，取之不尽，人们仍然费尽心思去琢磨金银珠宝。可见，首

明 金镶宝蝴蝶簪首

饰不是必需品，而是与爱情一样，都是人生的奢侈品。没有首饰，
没有爱情，也可以活着。但是，精彩的首饰更能辉耀身体，美妙
的爱情可以使生命燃烧。

首饰贵重、实用，为贴身之物，不同形制又具备不同的象征
意义，的确是再恰当不过的爱情信物。

汉末三国时期繁钦的《定情诗》讲述了一段完整的爱情故事，
其中一部分不厌其详地展示各种首饰。

……

我既媚君姿，君亦悦我颜。何以致拳拳？绾臂双金环。

何以道殷勤？约指一双银。何以致区区？耳中双明珠。

何以致叩叩？香囊系肘后。何以致契阔？绕腕双跳脱。

何以结恩情？美玉缀罗缨。何以结中心？素缕连双针。

何以结相于？金薄画搔头。何以慰别离？耳后玳瑁钗。

何以答欢忻？纨素三条裙。何以结愁悲？白绢双中衣。

……

清 焦秉贞 仕女图册之一

明 金镶玉葫芦耳环

　　从相恋初期至情深意切，这对恋人所馈赠的信物，先后有金臂环、银戒指、明珠耳坠、香囊、手镯（即跳脱，又叫条脱）、玉佩、同心结、金簪（即搔头）、玳瑁钗、纨素裙子、白绢中衣等，从一次次的礼物赠送上，可以看出拳拳之心，殷勤之意，果真情热似火。可惜这段情始乱终弃，以悲剧告终。似乎也可以说明，谈恋爱的时候不要过分看重礼物，而是要考察是否真心。

　　唐传奇《李章武传》中，李章武与情人别离时，留下一匹交颈鸳鸯绮，即有交颈鸳鸯花样的丝绸，同时赠诗曰："鸳鸯绮，知结几千丝。别后寻交颈，应伤未别时。"此处，丝谐音"思"，鸳鸯雌雄相伴，历来是恩爱象征。情人送给章武一个白玉指环，也有诗："捻指环相思，见环重相忆。愿君永持玩，循环无终极。"以环来比拟相思无终极。

　　后女子病死，灵魂与李章武相见。狎昵交欢之后，女子赠予章武神仙之物靺鞨宝，并作诗表达诀别之意。章武则取白玉宝簪回赠，也作诗怅恨别离。

男子头饰主要是簪和冠，以实用为主。女子头饰除了簪，还有钗、步摇、胜、珠花、栉、勒子等。古人留发，无论男女，都得借助簪子来整理头发，须臾不可离，又因为簪子的样式简洁玲珑，男女均适用，插在发髻里，还比较含蓄，成为相赠频率最高的首饰信物。

据《西京杂记》记载，汉武帝宠爱李夫人，曾经亲昵地取下她的发簪，来搔自己的头皮。在心爱的女人面前，他放下帝王之尊，家常化的小动作格外温馨。故后世把簪子昵称为搔头。

明 金穿绿玉摩尼簪

和乐天春词

新妆宜面下朱楼，深锁春光一院愁。
行到中庭数花朵，蜻蜓飞上玉搔头。

（唐·刘禹锡）

对于簪子在男女关系中的应用，《金瓶梅》的描写颇令人眼花缭乱。

西门庆、潘金莲第一次勾搭成奸后，西门庆把自己头上一根金头簪拔下来，插在潘氏发髻上，而潘金莲回赠以一条杭州白绉纱汗巾。这次互赠，是作为表记，象征双方发生了实质关系。

宋 金裹头银脚簪

元　金步摇

接着西门庆娶了孟玉楼为妾，之后再来和潘金莲厮混。潘氏多心，就拔下他头上簪子查看，这是孟玉楼所送的一点油金簪儿，还钑着两溜字儿："金勒马嘶芳草地，玉楼人醉杏花天。"潘金莲顿时吃醋，夺了就放袖子里，又追问自己送的簪子在哪里，西门庆只好扯谎说丢失了。

这次潘金莲约来西门庆，为其准备了四样生日礼物，除了鞋、护膝、兜肚外，又有一根并头莲瓣簪子，也钑着字："奴有并头莲，赠与君关髻。凡事同头上，切勿轻相弃。"

西门庆与李瓶儿第一次幽会，李瓶儿也把头上的金簪拔下两根，给他戴在头上。西门庆妻妾成群、情人论堆，人人都赠他簪子，他满脑袋得插多少根啊？

第十二回中，潘金莲和琴童私通，也是赠簪子。潘氏送给琴童金裹头簪子两三根，连裙边带的锦香囊葫芦儿也一并送给他。

明代戏剧《玉簪记》就是以信物碧玉鸾簪为题。陈妙常与情郎潘必正分别之际，将玉簪送给他，而潘郎以白玉鸳鸯扇坠回赠，双方海誓山盟，约定婚姻。

相比之下，世情小说《金瓶梅》是写实巨著，欲的成分远远大过情，人物之间赠送的簪子非金即银，虽然缺乏美感，却真实可信。

而《玉簪记》是一出喜剧，人物美化，情节凑巧，采用碧玉簪更有舞台效果，对于未婚男女来说，以玉饰相赠也更加庄重。

民间男女谈情说爱少不了首饰，帝王家钟情也不能例外。

《长恨传》讲述杨玉环入宫，姿容明媚，光彩焕发，唐明皇非常喜爱，"定情之夕，授金钗钿合以固之"。钗与簪子用法、形制均相似，但是钗脚有两股，簪子只有一股。女人钗簪并用，男人只用簪。钿合，是镶嵌着金、银、珠、玉、贝等的精美盒子。明皇把金钗、钿合送给美人，表达珍重之意，希求巩固彼此的情感。

山盟海誓虽然动人，但是说出去的话，泼出去的水，很容易随风而逝，不留痕迹，莫如送一件珍贵的首饰，天天佩戴也相当于天天提醒了。

四 日常用品

古人的爱情信物更注重情意，并不拘泥于一定的形式，很多日常实用的小物件也都是馈赠佳品。从先秦至明清，因为社会形态的转变，越来越多的市井习俗进入文献记载，故我们可以考察的信物，呈现出由华贵古朴向世俗简易演化的倾向，就像青铜镜替换成了汗巾子。

（一）铜镜

铜镜的使用几乎与我国的古代史相始终，最早在新石器时代出现，至唐朝达到工艺鼎盛期，直至清朝中叶，西洋传入的玻璃镜才逐渐取代了铜镜。女为悦己者容，铜镜与闺阁的关系自然是密不可分的。汉魏六朝时期，民间就有以青铜镜为信物的习俗。

汉代铜镜上多铸有铭文，或四字，或八字、十二字等，常见寄托相思意的内容，如："见日之光，常毋相忘"；"大乐未央，长相思，愿毋相忘"；"与天无极，与地相长，欢乐未央，长毋相忘"等。

汉乐府《羽林郎》中，冯子都调戏卖酒的胡姬，"贻我青铜镜，结我红罗裾"，送给胡姬青铜镜，还要系在人家的裙裾上，结果遭到胡姬的强烈反抗。

晋代，山阴人徐琦出门时遇到一个女子，容貌极其艳丽。徐琦有意和她结识，就解下银铃送给她。银铃，不知何物，或许是一种配饰。那位女子很欣赏徐琦的礼物，以青铜镜回赠，两个人

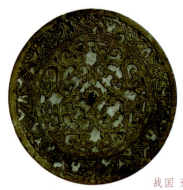

战国 透雕龙凤纹镜

清 佚名 胤禛美人图之一

就结为夫妻了。(《异苑》)

两面青铜镜，两种结局。

汉桓帝时期，陇西秦嘉为公事赶赴都城洛阳，妻子徐淑因病不能随行。秦嘉牵挂不已，寄给徐淑书信，又送上四种礼物，即镜子、宝钗、香、琴。

他特意在信中说明："闲得此镜，既明且好，形观文彩，世所希有，意甚爱之，故以相与；并宝钗一双、好香四种；素琴一张，常所自弹也。明镜可以鉴形，宝钗可以耀首，芳香可以馥身，素琴可以娱耳。"(《重报妻书》)

礼物的选择非常用心，表达了为人夫君的一片深情。其中，镜子、钗、香，都为了妻子梳妆打扮。铜镜的铸造纹样精美，镜面明亮，照出人像更逼真；宝钗珍贵，装饰发髻；而香料可以佩戴在身上，也可以熏燃，芬芳的氤氲最能惹发缠绵情思。把自己常弹的琴送给妻子，更象征了自己常伴左右，助伊人怡情娱耳。

徐淑收到礼物之后，也深深感怀，"览镜执钗，情想仿佛。操琴咏诗，思心成结。"（《又报秦嘉书》）她在回信中表明自己的心意，丈夫远离，无意妆扮，将痴心等待夫君归来，然后一起操琴咏诗，熏香共寝。两千年了吧，字里行间的无限柔情，依然那样旖旎。

镜如明月，寓意是和美团圆。一旦破缺，能否重圆呢？

南朝陈国的太子舍人徐德言娶乐昌公主为妻。陈国即将灭亡，德言担心夫妻不能相保，就破开一面铜镜，相约一旦离散，就于正月十五日在都市卖破镜，以此相认。陈国亡后，公主被掳入隋朝越国公杨素府中。

在约定的日子里，徐德言赶到京城，于集市上寻找，果然见到一名老仆人叫卖半块铜镜。他取出自己的一半，正与老仆所拿半块相合。徐德言得知了公主状况，惆怅万分，题诗曰："镜与人俱去，镜归人不归。无复嫦娥影，空余明月辉。"

老仆把诗带给公主。公主悲伤过度，以至于绝食。杨素知道此事后，专门把徐德言召来，让他和公主相见。公主忍泪含悲，又吟诗道："今日何迁次，新官对旧官。笑啼俱不敢，方验做人难。"

杨素倒是通情达理，看见公主这样子，知道留住人也留不住心，不如成人之美，将公主归还故夫。徐德言夫妻二人归隐江南，白头偕老。

"破镜重圆"并非只是个传说，可能是曾经流行的民俗。据考古发现，洛阳烧沟一座汉代同穴异室墓，两个墓室各出土半面

乐昌公主
宝镜空明半月辉
问来瑞自柏形
傍伤心怕说前朝事
泪滋罗衫对落晖

明 佚名 千秋绝艳图（局部）

唐 镂空银香囊

铜镜，合起来恰为整镜。该墓应为夫妻合葬墓。

破镜的做法大大启发了后来人，很多定情信物被一分为二，作为他日相见的凭证。如"钗留一股合一扇"，《长恨歌》里就是这么处理的，仙界的杨贵妃把当年定情物金钗、钿合各分一半，交付道士带往人间，送给唐明皇，约定再相逢。

铜镜被美称为菱花。"妆镜菱花暗，愁眉柳叶颦"（骆宾王），这女子妆台之上的重要器物，照亮了多少红颜，又照彻了多少幽幽心事。

（二）香囊

古代贵族及士大夫阶层有熏香、佩香的习惯，可使体味清洁，心神愉悦。盛放香料的香囊一般是丝织品制成的小袋子，可以佩戴在身上，也可以装饰于床帐之上，如"红罗复斗帐，四角垂香囊"（《孔雀东南飞》），还可以悬挂于车辇之内，那就是宝马香车了。

清　碧玉香囊

先秦时代，香囊别称"容臭"，《礼记·内则》记载："男女未冠笄者，鸡初鸣，咸盥漱，栉縰，拂髦，总角，衿缨，皆佩容臭，昧爽而朝。"一般来讲，男子二十岁行冠礼，女子十五行及笄礼，表示成年。"未冠笄"，是尚未成年的男孩子女孩子。每天早晨，鸡刚打第一遍鸣儿的时候，他们就起床洗漱，梳理头发，穿着整齐，佩戴着"容臭"——香囊，于黎明时分拜见父母，新的一天就开始了。这是古人侍奉父母、晨昏定省的日常礼仪。

香囊是重要的配饰，男女均随身佩戴。

东晋谢玄年轻时，尤其喜爱紫罗香囊。他叔叔谢安有点儿看不惯，又不想伤他自尊，就想办法跟他打赌，把香囊给赢了过来，然后悄悄地烧掉了。这叔侄俩都是魏晋风度的代表人物，谢玄佩香囊是青年潇洒，谢安烧香囊也是善于培养子弟。

把随身香囊赠送给心上人，就

清 康涛 华清出浴图（局部）

是自然而然的行为了。《搜神记·河伯婿》说一个人做了河伯的女婿，婚后四日就被送走。他的妻子即河伯的女儿，涕泣不舍，临别时送给他金瓯、麝香囊，还有铜钱十万、药方三卷。钱和药方当然是很实用的，麝香囊则重在睹物思人的象征意义。

唐宋时代，金属制作的小型熏香器精巧无比，也被称作香囊。《一切经音义》解释说："香囊者，烧香器物也。以铜、铁、金、银玲珑圆作，内有香囊，机关巧智，虽外纵圆转，而内常平，能使不倾。妃后贵人之所用之也。"这种香囊多为圆球形，小巧可爱，顶部有环钮，可以挂上链条，或摆放或悬挂，还可以随身携带，其内在的机关可以保证香料不倾洒。帝王权贵之家常用的香囊材质贵重，工艺精湛，盛装的香料也非常名贵。

安史之乱中，杨贵妃命丧马嵬驿。收复长安后，已经成为太上皇的李隆基秘密派中官（太监）去迁葬。中官发现贵妃的遗体肌肤消释，胸前的香囊却相对完好，就带回去献给明皇。李隆基将这只香囊珍藏在怀袖之中。

清 刺绣打子花果什锦香囊

太真香囊子

蹙金妃子小花囊，销耗胸前结旧香。
谁为君王重解得，一生遗恨系心肠。

（唐·张祐）

明代之后，燃熏香料的金属香囊日渐式微，但是丝绸刺绣的香囊仍然是重要的配饰。

与香囊类似的还有荷包。香囊专门盛放香料，而荷包相当于用途扩大化的香囊，用来携带随身的小件物品，不仅仅是香料、银钱、吉祥物甚至香茶、槟榔、钥匙都可以放。

在制作上，香囊与荷包都力求精巧美观，形状有心形、椭圆形、葫芦形、钟形、方形等，还有大量拟物形状的，如花篮形、佛手形、蝉形、鱼形等；多用绸缎制成，刺绣着吉祥图案，如龙凤、花卉、福禄寿喜字样等，垂着穗子或璎珞，一般佩戴在衣服外面。如果是情人所赠，佩戴者会珍重地放在胸前，或系于贴身衣物上。还记得赵象收到的连蝉锦香囊吗？

《红楼梦》第十七、十八回，因为题咏大观园的匾额，宝玉在贾政面前大大出了风头，小厮们为他高兴，拦着要赏赐。宝玉说每人一吊钱，小厮们却看不上一吊钱，而是一哄而上，有的解荷包，有的解扇囊，把他身上佩戴的小物件都给拿跑了。这说明宝玉身上佩戴的东西多，可以打发众小厮；也说明这些小饰物有些价值，至少超过一吊钱。

宝玉的饰物被"抢"，惹恼了林黛玉，她以为宝玉把自己做的荷包也给别人了，一赌气，铰破了正在做的香囊。宝玉急忙辩白，从贴身的红袄襟上解下来黛玉送的荷包。

也莫要怪林黛玉小心眼儿，做成一个香囊或荷包，一针一线，配色织样，细细密密，的确费尽心思。知心人再不珍惜，这番心血岂不白费？

遐方怨

红绶带，锦香囊。为表花前意，殷勤赠玉郎。此时更自役心肠，转添秋夜梦魂狂。　　思艳质，想娇妆。愿早传金盏，同欢卧醉乡。任人猜妒恶猜防，到头须使似鸳鸯。

（五代·孙光宪）

纯情的送亲手制作的香囊、荷包，淫荡的也是送香囊、荷包。

引发抄检大观园之轩然大波的正是一个五彩绣春囊，其图案不是寻常花鸟，而是赤条条两人相抱的春宫图。

宋惠莲把身带的白银条纱挑线香袋儿，送给西门庆，香袋儿里边装着松柏儿和排草，挑着"娇香美爱"四个字，喜得西门庆不得了。

清 费丹旭 十二金钗图之黛玉葬花

直到今天，在中国很多地区，都能听到名为《绣荷包》的民歌，不同的方言，相似的行为，多少郎情妹意都在这小小信物里。

（三）丝帕

丝帕在日常生活中的地位开始显著，似乎是从元代开始的。元代朝野上下均有递帕的礼俗，逢冬至、元日，互相赠送、交换手帕，以示喜庆。递帕也用于祝贺生日，比如皇帝会赏赐给大臣"寿帕"。民间习俗中，以手帕作为信物也风行起来。

明代冯梦龙选辑的《山歌》中有一首《素帕》："不写情词不写诗，一方素帕寄心知。心知接了颠倒看，横也丝来竖也丝，这般心事有谁知？"丝，谐音思。丝帕本身就蕴含相思之意。

《红楼梦》对于丝帕的描写多有神来之笔。贾宝玉、林黛玉是自小一起长大的表兄妹，耳鬓厮磨，亲密无比。但是两人渐渐长成，各自怀着情愫时，反而不能畅所欲言，亲密就变得疏远，又苦于心迹相似，何以表达呢？第三十四回，宝玉挨了打之后，却记挂着林黛玉，生怕她担心自己而哭坏身子，就央求晴雯去探望黛玉。晴雯说好歹拿件东西传句话，宝玉想了一想，伸手拿了两条旧手帕，托晴雯带去了。黛玉见到旧手帕之后，"思忖一时，方大悟过来"。

她悟到了什么呢？这不同寻常的举动，正是别有用意的提示，宝玉在借两条旧手帕表达自己对黛玉的私情，这不是表兄妹之间的亲密举动，而是男女情人之间的相思传递。

两条旧手帕，令黛玉思虑万千，神魂驰荡，在帕上题诗三首，都是围绕着拭泪的主题。

其一

眼空蓄泪泪空垂，暗洒闲抛却为谁。
尺幅鲛绡劳解赠，叫人焉得不伤悲。

其二

抛珠滚玉只偷潸，镇日无心镇日闲。
枕上袖边难拂拭，任他点点与斑斑。

其三

彩线难收面上珠，湘江旧迹已模糊，
窗前亦有千竿竹，不识香痕渍也无？

清　任伯年　荷花鸳鸯图

她知道宝玉的心意，宝玉也断定她必然能理解自己的心意。无声的表白，就在两方旧罗帕的传递中完成了。她流泪是为了宝玉，担忧二人将来的命运。宝玉深深理解她不能"放心"，于是以拭泪之手帕相赠，表示我理解你的泪。不用新帕而用旧帕，其实是用自己的体己之物表达进一步的亲密。

《聊斋志异·西湖主》也巧妙借用红巾传情。书生陈弼教误入西湖公主的花园，偷看到公主打秋千，爱慕不已；又在草丛中捡到公主遗落的红巾一条，忍不住绮思连连、浮想翩翩，题诗一首，赞扬公主的美貌。结果，公主看到红巾上的题诗，不仅不怪罪，反而为之动情。

与手帕类似的还有汗巾。明清时代，汗巾发挥了腰带功能，可以系裙子、裤子，也可以系内衣。《金瓶梅》五十一回道："门外手帕巷，有名王家，专一发卖各色改样销金点翠手帕汗巾儿，随你要多少也有。"很明显，手帕是手帕，汗巾是汗巾。

汗巾的具体系法，也与今天的腰带相似，有实用性的，有装饰性的，可完全遮在里面，也可露在外面。汗巾花色繁多，装饰性强，贴身使用，很有私密感。

我们来看看古人是怎么玩汗巾的。

《红楼梦》第二十八回，蒋玉菡将系小衣儿（就是内裤）的一条大红汗巾子解下来，递给宝玉，宝玉则把自己系裤子的松花汗巾回赠。难怪别人怀疑，想想这场景……

《歧路灯》第四十八回，谭绍闻看戏入神，把热茶洒身上了，尴尬地连连说："失仪，失仪。可惜忘了带手巾来。"同场看戏的姜氏把自己包瓜子儿的汗巾递了过去。绍闻已经开始留意姜氏，得了这条汗巾，晚上就"玩弄不置"，满脑子都在想姜氏。

《金瓶梅》以汗巾为信物的描写更是比比皆是。

第二十八回，陈经济拿到了潘金莲的绣鞋，趁机和她勾搭，要求潘氏拿袖子里的汗巾来交换。潘金莲就从袖中取出一方细撮穗白绫挑线莺莺烧夜香汗巾儿，给了陈经济。

第六十七回，妓女郑爱月送给西门庆一方回文锦同心方胜挑红绫汗巾儿，里面还裹着一包亲口磕的瓜仁儿。

第七十七回，西门庆派小厮向贲四娘子致意，还要个汗巾儿。贲四娘子果然给了小厮红绵纸包着的红绫织锦回纹汗巾儿。西门庆闻了闻，喷喷香，满心欢喜，后来抽个空儿，就跑去厮会了，事后给了贲四娘子五六两一包碎银子，两对金头簪子。

贾宝玉的丝帕，西门庆的汗巾，其结缘对象虽有天壤之别，但是由情及性，只为合体，又有什么分别呢？与香囊、荷包一样，手帕、汗巾这类信物本来就是可俗可雅。

（四）绣鞋

女人缠足起源于五代时期，明清两朝极为盛行，脚越小越美，越瘦越好，把健康的双足缠成病态的畸形。这其实是对女性美的一种极端要求，尽可能地消泯女人的独立性，刻意突出柔弱、无力、娇媚的特征。走动不便的缠足女人，从心理上到身体上，终于成了完完全全的男性附庸。

小脚一般穿高底鞋，即鞋底后部装有木制或毡制的高跟，高可达两寸，外面用绸缎裱裹，鞋面的刺绣五彩缤纷，造型多样，极尽工巧，如《金瓶梅》中，孟玉楼的"大红遍地金云白绫高底鞋儿"，潘金莲的"白绫高底羊皮金云头鞋儿"等。高底鞋走起路来摇曳多姿，一双纤足显得更加玲珑。其实，今天的高跟鞋也在追求同样的视觉效果。小脚女人晚上睡觉时，还要另换软平底的睡鞋。

恋足成为男人们的集体嗜好，调情挑逗都从小脚上开始。小脚女人的弓鞋所具有的情色意义，比亵衣更甚。

西门庆最爱女人穿红鞋子。宋惠莲自恃脚小，送给西门庆一只"大红四季花段子白绫平底绣花鞋儿"，供其把玩。西门庆专门藏在暖房的书箧里，和些拜帖子纸、排草、安息香，包在一块儿。

《醒世恒言·陆五汉硬留合色鞋》中，张荩把红绫汗巾结个同心方胜，往楼上扔。潘寿儿双手接住，然后，她脱下一只合色鞋儿，投给张荩。当晚，张荩就在灯前细细赏玩这只鞋。

明　金镶宝花钿

鸳鸯秘谱之一

　　《醒世姻缘传》第五十回，狄希陈、孙兰姬旧情人见面，又
怕人撞破，交换信物都偷偷摸摸的。先是孙兰姬往狄希陈怀里撩
了一包东西，狄希陈赶忙藏在袖子里。然后，他取下簪髻的玉
簪、袖中一个白湖绸汗巾、一副金三事挑牙（古人随身携带的三
样卫生用具，镊子、挑牙、耳挖，多串联在一起），都用汗巾包
了，又撩到孙兰姬怀内。因为怕人看见，他回到住处，才得以细
看孙兰姬所送物件：外面是一个月白绉纱汗巾，也包着一副金三
事挑牙，一个小红绫合，合里满满的盛着赵府上清丸并湖广香茶，
除此之外，还有一双穿过的红绸眠鞋。狄希陈见了"甚是销魂"，
把那鞋又用汗巾包裹起来，藏在裤腰之内。

明 周之冕 仿陈道复花卉卷

睡鞋词

娇红软鞋三寸整，不下地，偏干净。　　灯前换晚妆，被底
钩春兴。玉人儿轻跷，与我肩相并。

（清·程世爵《笑林广记》）

清代民间小调还有《红绣鞋》，唱词轻佻，被看作淫词艳曲。

绣鞋是身体的延伸，与之同等性质的还有内衣、头发、指甲
等，把它们当作信物来交换，其象征意义都是身体交换，表达要
结合成一体的亲密。

《红楼梦》中，晴雯临终时，和宝玉互换贴身小袄，还把自
己左手上两根葱管似的指甲剪下，送给宝玉。她这样的行为发自
满腔愤懑，你们不是说我和宝玉有私情吗？我就把私情的样子做
出来，也不枉担了虚名。

因为女儿出痘，贾琏夫妇斋戒禁欲，贾琏搬到外书房住了半
个月，却趁机和多姑娘勾搭上了。女儿痊愈之后，他又搬回卧室。
凤姐怀疑贾琏在外头有私情，特意告诉平儿，收拾他东西的时候，
要留意有没有戒指、汗巾、香袋儿、头发、指甲等。可巧平儿刚

从贾琏枕套里抖出一绺青丝，故意瞒过了凤姐。

要说到身体交换，最彻底的还是这首元曲。

我侬词

你侬我侬，忒煞情多，情多处，热如火。把一块泥，捻一个你，塑一个我。将咱两个一齐打破，用水调和。　再捻一个你，再塑一个我，我泥中有你，你泥中有我。我与你生同一个衾，死同一个椁。

据说这曲子是元代女书画家管道昇写给丈夫赵孟頫的。活泼泼的词句，很有民间乐府诗的气质。要什么信物啊，我就是你，你就是我，我的就是你的，你的全是我的，这才是以身相许的最高境界吧。

（五）其他

情侣之间，还会赠送很多个性化的礼物。

如《莺莺传》中，张生寄给莺莺书信，同时附上礼物：花胜一合、口脂五寸。也就是花样首饰和唇膏，均为女子日常梳妆用品，非常实用。莺莺答复书信，并回赠礼物，有玉环一枚、乱丝一绚、文竹茶碾子一枚。玉环的意义前面已经说明。这一团乱丝代表情绪纷乱，思念不绝如缕。文竹也就是俗称的湘妃竹，传说竹上斑点是舜帝妃子娥皇、女英的泪痕，亦是相思爱意的表示。唐代喝茶风行，茶碾子是煎茶时的必备工具，用于碾碎茶饼。文竹茶碾子可谓实用价值和象征意义并举。

还有些令人费解的信物，如《霍小玉传》结尾，李益疑心生暗鬼，看见有人抛给妻子一个斑犀钿花合子，方圆一寸左右，里面有轻绢做的同心结，结内还包着相思子二、叩头虫一、发杀觜一、驴驹媚少许——这些大概是春药吧。大观园里捡到的那种绣春囊，一般也是盛装春药的。

其他大如衣服，小如糕点，均是常见的馈赠。在这方面，《金

明 累丝嵌宝衔珠金凤簪

清 余释 花鸟图

瓶梅》提供的例子最多。西门庆惯常送给女人衣料和首饰，女人回赠也有很多花样。郑爱月就特意派人送来亲手做的点心，一盒果馅顶皮酥，一盒酥油泡螺儿。

人有多少种，可送的礼物就有多少种，各人尽各人的心吧。

五 花 草

世人皆知，唯有玫瑰最能表达爱情。中国古人却没有这么拘泥，在他们眼中，一草一木俱含情，都可以作为信物。折花草相赠，就成为古典诗词中常见的浪漫行为。

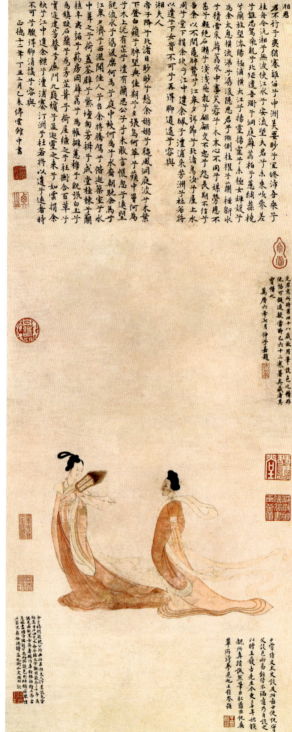

明 文徵明 湘君湘夫人图

静 女

静女其姝,俟我于城隅。爱而不见,搔首踟蹰。 静女其娈,贻我彤管。彤管有炜,说怿女美。 自牧归荑,洵美且异。匪女之为美,美人之贻。

(《诗经·邶风》)

送礼物这件事,有经济条件的尽管讲究,但是,礼物是否珍贵,还要看送礼物的人是谁。彤管,大概是红色的草,与下文的荑似为同一物品。彤管非常好看,拿在手里心花怒放。如此高兴,不是因为草儿美,而是因为美人亲手赠。芍药、木瓜、桃、李、握椒等也都是《诗经》里出现的植物礼品。

楚辞当中也有很多相赠花草的描写,如"搴汀洲兮杜若,将以遗兮远者"(《湘夫人》),"折芳馨兮遗所思"(《山鬼》)等。

冬天的肃杀总是相似的,春天的到来却各有各的形态。仿佛一夜风暖,枝条上便星星点点,粉红初绽。那疏密有致、浓淡相宜的优雅,最堪入画。尤其是梅花,开在百花之先,报告春的消息。能当面相赠固然好,距离远的时候,折一枝时新的花儿寄去,把春天封在信笺里。南朝乐府《西洲曲》开篇即是:"忆梅下西洲,折梅寄江北。"把江南的春意寄给江北的爱人。

当然了,古诗里的折花赠远,未必是实际的举动,更多的时候,只是一种诗意的表达。

赠范晔

折花逢驿使，寄与陇头人。

江南无所有，聊赠一枝春。

（南朝宋·陆凯）

我们已经见识了各种各样的爱情信物，珠玉玛瑙，香囊丝帕，究竟何物最关情？

赋得遗所思

遗簪雕玳瑁，赠绮织鸳鸯。未若华滋树，交枝荡子房。

别前秋已落，别后春更芳。所思不可寄，谁怜盈袖香。

（南朝梁·刘孝绰）

原来什么玳瑁簪、鸳鸯绮，都不如春华秋实的芳树，可惜这盈袖的清香，不能寄送，只好在诗句里告诉你，但愿你能明白。

爱情都祈愿长久，鲜花易衰，怎能作为合适的信物呢？

明 周之冕 百花图

　　花朵开到最美的时节，这短暂的韶华正像人的青春。我们珍爱自己的青春，那是走到人生的尽头，回首凝望时最理想的时刻，哀与痛与喜都无可替代地真切。最希望有人和自己一同珍爱，共同分享这独特的美丽岁月。有一种唯恐来不及的心情，等候在花开花落的无常里。折枝赠心爱，惜取少年时。所以，我希望在青春岁月里遇到你，只是为了在晴美的冬日，看窗前那树著花的寒梅。

　　《古诗十九首》的"涉江采芙蓉"，也成为后代诗歌的灵感。

折荷有赠

涉江玩秋水，爱此红蕖鲜。攀荷弄其珠，荡漾不成圆。

佳人彩云里，欲赠隔远天。相思无因见，怅望凉风前。

（唐·李白）

　　与古典爱情最相关的花草，还要数小小的红豆。

红 豆

红豆生南国，春来发几枝。

劝君多采撷，此物最相思。

（唐·王维）

同科不同属的相思子和海红豆色彩鲜艳，质地坚硬，都被称为红豆。海红豆通体赤红。相思子半黑半红，果仁有剧毒，但是果壳厚硬，在壳不破损的情况下，囫囵吞食也不易中毒。

据说有戍边的战士死在疆场，其妻接到噩耗，在树下痛哭而亡。这种树就被称作相思树，树上所结的红豆也成为相思的象征，因其晶莹艳丽，常被古人镶嵌在首饰和物品上。"玲珑骰子安红豆，入骨相思知不知？"（温庭筠）

拥有独特内涵的红豆还成为房中术的法宝，"相思子五个，

明 仇英 汉宫春晓图卷（局部）

妇人头发五钱，乳汁五钱，和成剂，作四十九丸"，然后配合以
特殊的用法，可以让女人"爱恋浓密，千思万想，时刻不能下也"
（《万法归宗》）。可惜很多年过去了，始终没有人出来作证，说这
偏方灵验。

　　王维以红豆入诗，开创了一个传统，其后的诗人词人们以红
豆代指相思，成为常见意象。

贺明朝

忆昔花间相见后，只凭纤手，暗抛红豆。人前不解，巧传心
事，别来依旧，辜负春昼。　　碧罗衣上蹙金绣，睹对对鸳鸯，
空裛泪痕透。想韶颜非久，终是为伊，只恁偷瘦。

（五代·欧阳炯）

　　"都道是金玉良缘，俺只念木石前盟。"花花草草，满目生机，俱是天地间的精灵。古人重视花木香草，何尝不是自然天性的流露呢？

第六章

如花美眷　似水流年

君问归期未有期，巴山夜雨涨秋池。
何当共剪西窗烛，却话巴山夜雨时。

清　佚名　燕寝怡情图之一

　　如花美眷，似水流年——这八个字的内涵如果用现代汉语来表示，就是：如何才能遇见你，在我最美的时候。

　　尽管可以妻妾成群，可以青楼买笑，但是夫妇为人伦之首，爱妻子更加天经地义。文献记载的那些旖旎的闺房景致，也多发生在夫妻之间。古人以其诗心雅意，在情感世界里，精心营造出一幅幅生活小品，细读文字，仿佛在午后的柔光中，翻阅泛黄的诗卷，有无限温馨。

　　汉宣帝时，张敞做京兆尹，京兆尹就是首都的一把手，相当于今天的北京市市长。京官难做，各种关系网错综复杂，利益集团盘根错节，张敞凭借自己的过人才能，居然长期担任此职。这样一位深谙官场规则、颇有办事才干的官员，在家庭关系的营造上也是个高手。

　　每天早晨，妻子梳妆之时，他都要给妻子精心描画好眉毛，然后才去上班。大概妻子也为之骄傲，总是向女眷们炫耀。于是，京城里纷纷传说张京兆画的眉毛样式妩媚，争相效仿。其实张敞果真善于画眉吗？估计是熟能生巧，或者爱心更胜过技巧。

不谙风情的谏官向皇帝告状，说张敞居然替女人画眉，实在有失官员的体统。皇帝就质问张敞，张敞的回答非常巧妙：闺房之内，夫妻之间，所做的事情比画画眉毛更过分的还有呢——都要治罪吗？

闺房之内比画眉更过分的事情，如肌肤相亲、男女交合，是人欲本能，人人会做。但画眉之亲昵，却是多少人学也学不来的。能够细细欣赏对方的容颜，不仅陶醉于妆饰好的花容月貌，对卸妆之后的暗黄、雀斑、皱纹等，依然以充满爱意的眼光面对，并且为之细细装扮描画。唯因有爱心，方才有耐心。世人不羡慕他高官厚禄，而是羡慕他对待女人的一颗心。妻子对于张敞必定更

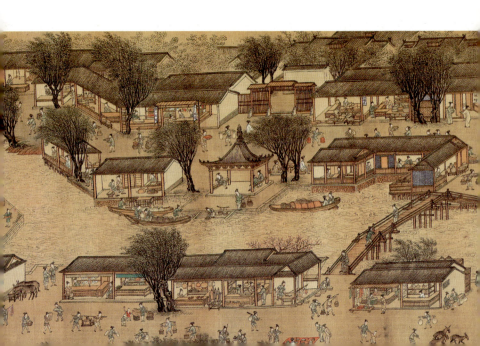

为欣赏，如果妻子不炫耀，深闺里的眉样怎能传遍京城？

敬重、平等都是爱的内涵。

西晋的王戎，被封为安丰侯，故世称王安丰。他是大名鼎鼎的竹林七贤之一，竹林七贤是名士风度的代表。名士的妻子，也有名士风度。王安丰的妻子经常用"卿"来称呼他。按照礼仪，妻子对丈夫称"君"，丈夫对妻子称"卿"。男尊女卑，"君"尊于"卿"，如同君主比臣子尊贵。所以王戎对于妻子称呼自己为卿，非常不满，提出抗议，"于礼为不敬"，不许再这么叫。结果他夫人说："亲卿爱卿，是以卿卿。我不卿卿，谁当卿卿？"

这理由真是充分无比。我爱你，才管你叫卿，我不叫你卿，谁敢叫你卿？看似蛮横实则撒娇，是女人在宠爱自己的男人面前特有的骄纵，机智如王戎也无话可答。这番对话被后人浓缩为成

明　仇英　清明上河图（局部）

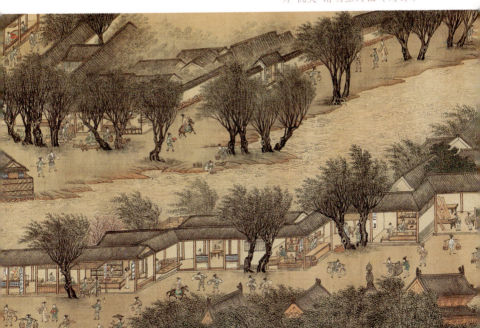

语"卿卿我我",专指两个人感情好,蜜里调油。

我们对于最爱的人,总是有一些特别的称呼,不如此不足以表达非同寻常的亲昵。

情意浓时,就像陶渊明《闲情赋》所写,愿意做她的衣领,时时亲近她的容颜;愿意做她的腰带,轻轻把纤腰揽住;愿意做她头发上的光泽;愿意做她眉毛上的黛色;愿意做一张席子,承托她的香体;愿意做一双丝履,依附她素白的双足;愿意做她的影子,白昼不离;愿意做一支明烛,照耀她夜晚的美丽;愿意做一柄团扇,为她唤来清风;愿意做一张瑶琴,在她的膝上铮铮鸣响……陶渊明,中国历史上首屈一指、高风亮节的隐士,不为五斗米折腰,却甘愿为心爱的女人敛眉卑躬,痴极了缠绵极了的十桩心愿,令人不由得感叹,爱情,这桩疯狂的小事!

要论古今人物对爱侣之昵称，恐怕无人超过现代诗人徐志摩，单看《爱眉小札》，几乎一篇换一称呼，"眉""小龙""甜心""龙龙""我唯一的爱龙""眉爱""爱眉宝贝""至爱妻""至爱妻曼""眉眉至爱""爱眉亲亲"……民间亦有杀千刀的、死老头子等极致爱称，咬牙切齿读一读，其力量也不亚于诗人层出不穷的花样呢。

只会说甜言蜜语是不够的，有情人相处，更重要的是一颗体贴的心，还要表达得恰到好处。

五代时期，吴越王钱镠的王妃每年春天都要回家乡临安——吴越国余杭所辖地区，并非南宋都城——探亲小住。钱镠本是一介武夫，对于妻子却格外怜惜，特意寄信说："陌上花开，可缓缓归矣。"

其实，这是一封意在催归的信。本意是惦念她，既希望她早点回来，又怕她离乡伤怀，特意提醒她欣赏一路的花明柳媚，伴着春色，散散心归来，可减少一些乡愁，多一些兴致。同时，还有一层言外之意：不管你何时归来，我都在这儿驻足等待。

清 缎缀花铜镜套

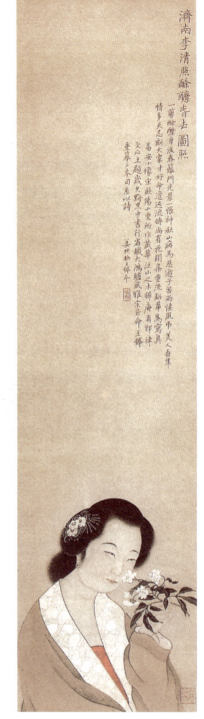

清 姜埙 李清照小像

请问，何等样的心肠才写得出如此深情婉约又简洁的文字？
而且字里行间更有一番春意盎然的景致。

北宋苏轼到杭州做地方官，听当地父老讲述了这一节往事，
深为之感慨，特意做《陌上花》三首诗。可惜大文豪的三首诗，
依然不抵那一句话的感染力。

夫妇擅朋友之胜的，无过于宋代著名女词人李清照和金石
学家赵明诚。

李清照在《金石录后序》中深情回忆了两个人的闺房之趣。
赵明诚对金石文物的爱好，可以说是痴迷，远超过一切声色狗马。
他就是个标准的宅男，一下班就回家，回了家就捣鼓金石书画
收藏，乐在其中。

红袖添香夜读书，是读书人的梦想。但现实情况是，古代
女子受教育的水平普遍偏低，一般的女子，粗略认识几个字，缺
乏较高的文化欣赏品位。即使有个红袖相伴，也不过是挑挑灯芯、
端茶倒水，读书乐趣无法分享。如果这红袖不仅体贴关怀，还
是个灵心慧性的解语花，岂不是读书人的最大美事？

赵明诚能娶到李清照，有生活伴侣和精神伴侣的双重享受，
真是极大的幸运。

而李清照呢，能嫁给赵明诚，是更大的幸运。为什么这样说呢？

如果说李清照在娘家完成了本科学业，到了赵明诚这里，就
等于继续读研深造了。赵明诚包容了她的一切，维护了她的特长，
又延伸了她的爱好，发展了她的兴趣，从单一的诗词写作扩展
到金石文物的鉴定考据本领；给予她闺房之乐的同时，又保证

一剪梅

红藕香残玉簟秋 轻解罗裳 独上兰舟 云中谁寄锦书来 雁字回时 月满西楼 花自飘零水自流 一种相思 两处闲愁 此情无计可消除 才下眉头 却上心头

了她无忧的生活。赵明诚更是李清照长期的精神支柱。她大半生的喜怒哀乐悲欢离愁，多因赵明诚而起，对这一份感情起伏的记录，构成了李清照词作的抒情主线。

有才情的好女人就像钢琴，附庸风雅的也可以搬一台放在家里，但是不会弹，也懒得学，时间长了，反而会厌弃钢琴占地方，还不如弄个饭桌子实用。赵明诚却是个弹琴高手，得到了一个好女人，又懂得怎么去爱她。所以说这桩婚姻里面，李清照比赵明诚更幸运。

在男权社会里，为什么总是强调"女子无才便是德"呢？女子无才，就没有挑战性，就会甘心崇拜男人，做男人的附庸。一旦女子有才，男人唯恐这女人太张狂，压制还来不及呢，怎么还能让她自由自在地发展？说到底，男人对待女人才能的态度，既是个权力分配问题，也是个自信心问题。文化传统教导了男人要从女人身上找自信，一旦在女人跟前感觉不自信了，就难免挑剔对方，用贬损、嘲笑对方的形式维护自己的尊严。直到今天，很多中国男人还是声称找对象不找比自己强的，充分说明了这类男人心中隐藏着不自信。

清 任伯年 花鸟册页

　　虽然是宋代人，赵明诚显然对自己很有信心，勇于挑战流俗，就要一个才女老婆。他也因此享受到了无比的乐趣。李清照的甜蜜感比夫君更充沛，有词为证。

减字木兰花

卖花担上，买得一枝春欲放。泪染轻匀，犹带彤霞晓露痕。

怕郎猜道，奴面不如花面好。云鬓斜簪，徒要教郎比并看。

（宋·李清照）

明 仇英 汉宫春晓图卷（局部）

　　完全是恃宠撒娇。我就是漂亮，你就是喜欢我，连花儿也比不上我，对不对？

　　说来说去，这天作之合到底怎么过日子的？新婚时，两人居住在汴梁城里。赵明诚还在太学读书，平时住校，逢初一、十五才能回家。每次放假的时候，赵明诚都会跑到相国寺，买一些碑文拓片、零食果子，高高兴兴地抱回家，跟李清照一起，吃着零食赏玩拓片。两个人都感觉好极了，简直是上古时代的葛天氏之民，无忧无虑。

　　我们可以想象赵明诚的心情，肯定总盼着放假，因为有人在

清 王鉴 仿惠崇笔意扇面

等待他，赞同他的爱好，欣赏他的眼光。赵明诚作为大丈夫的自豪感，真是全方位被满足了。而李清照呢，肯定也天天盼望丈夫回家，因为他如此体贴，会给她带零食，给她讲述外面那个热闹的世界，更有鉴赏文物碑帖的精准眼光，让她既佩服又高兴。李清照充分发挥了贤内助的作用，把丈夫的爱好当做自己的事业，跟他一起收集、整理文物文献。在当时的收藏家中，赵明诚的字画文物最整齐最完备，李清照的襄助功劳不可小觑。

兴趣相投是夫妻相处之道。只有兴趣相投，两个人的共同话语才多，才能在平庸凡俗的生活当中寻求到精神契合，再美丽的容貌也会衰老，再窈窕的身材也会走样，男女之间肉体的吸引总是短暂的，只有擅朋友之胜的伴侣不会令人厌倦。

两个人相伴读书，有很多乐趣，一大娱乐居然是比记性。他们退居青州的时候，每天吃过饭，坐在书房归来堂里烹茶，闲聊着天，就开始玩笑，指着周围堆积的书籍，说某件事记载在某书某卷第几叶第几行，答对的先喝茶。每次答案揭晓，说中的总是

得意万分，举着茶杯哈哈大笑，结果茶水洒了一身，反倒喝不成了，又惹得两人相对大笑。后来赵明诚结束隐居生活去做官，在外面偶然得到了一卷难得的碑拓，也必定第一时间赶回家，和妻子一起展玩。

才女李清照雅淡简朴，不喜华丽装饰，不以物质享乐为重，唯夫妻精神境界之投契，超越神仙眷侣。她饱蘸深情一笔笔记载于《金石录后序》里，别致的赌书泼茶的细节打动了数百年后另一位有情人。

浣溪沙

谁念西风独自凉，萧萧黄叶闭疏窗。沉思往事立残阳。
被酒莫惊春睡重，赌书消得泼茶香。当时只道是寻常。

（清·纳兰性德）

李清照中年丧夫，流离江南，饱尝国破家亡之痛。与之相比，元代管道昇更加幸运。她嫁给了著名的书画家赵孟頫，在辛勤持家、养育儿女的同时，追随丈夫习书作画，也成为一代书画名家，兼工诗词文章。

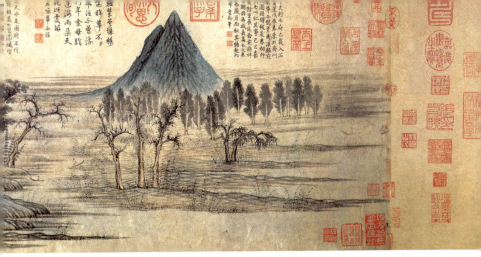

元 赵孟頫 鹊华秋色图

　　管道昇在《修竹图自识》中说："墨竹，君子之所爱也。余虽在女流，窃甚好学。未有师承，难穷三昧。及侍吾松雪十余秋，傍观下笔，始得一二。偶遇此卷闲置斋中，乃乘兴一挥，不觉盈轴，与余儿女辈玩之。"

　　赵孟頫，字子昂，号松雪。对于这亦师亦友的丈夫，管夫人亲昵地称呼他是"吾松雪"——我的松雪。尽管她谦虚地说自己的画作只可让儿女们玩玩，赵孟頫却非常欣赏夫人的天资与勤奋，经常为其画作题款。他在《题管道昇梅竹卷》中说："道昇素爱笔墨，每见余尺幅小卷，专意仿摹，落笔秀媚，超逸绝尘。此卷虽是小景，深得暗香疏影之致。"又专门题诗一首，赞扬她笔夺造工之功，"逸兴飘然岂俗同"。

　　因为这罕有的诗侣画伴，更因为她的深情体贴，赵孟頫甚至断绝纳妾之念。管道昇五十八岁去世，赵孟頫哀痛不已，在给朋友的信中泣诉："孟頫与老妻不知前世作何因缘，今世遂成三十年夫妇？又不知因缘如何差别，遂先弃而去？使孟頫栖栖然无所依，今既将半载，痛犹未定。"

　　的确，相处的愉快时光总是流逝得飞快，以至于人们只顾着幸福，忘记了命运。

　　清代沈复与妻子陈芸情意甚笃，《浮生六记》详细记载了种种闺房之乐，用舒缓的笔调，回忆两个人相伴相随的一生，把种种情意的微妙描摹得令人心荡神驰。

　　两人的婚姻总共二十三年，直到陈芸病死。这二十三年里，夫妻俩的感情是越来越亲密，甚至于每次相见都有不同寻常的举止。比如说，在自家的大庭院里，可能就是陈芸去后院，沈复去前院，两人在走廊相遇，也必定握住对方的手，悄悄地问：你去哪儿？如果陈芸正与别人坐着谈话，此时沈复进来，陈芸必定站起身，往旁边挪一下，而沈复立刻很自然地坐在陈芸身边。小夫妻新婚燕尔，如此亲密，还有点儿怕别人笑话，而后，年龄越大越不在乎，就这样时时处处地亲密，居然持续了二十三年。

　　两个人共同品味生活，欣赏山水，谈论诗文，真是神仙一般的逍遥心境。因为有沈复，陈芸的天地广阔了许多。在丈夫的怂恿下，她扮成男子，跟随丈夫去逛庙会，乘坐车船出远门，见识到许多热闹，看到了很多风景，远比当时的大多数女人们幸运。

　　当然啦，按照今天的眼光，陈芸还是一个三从四德到迂腐的

清　后妃用描金夔凤象牙梳具

班姬

瞇起重爐冷憶殘寶釵斜
嬋翠雲鬟新詩吟就題圖
扇桂于瓶香度畫櫚

明 佚名 千秋絕艷圖（局部）

女人。她居然主动给丈夫纳妾，还要精心挑选美而韵者。不料事先约好的人选辜负了她，另择高枝，她还因此大病，更成心病。

爱情不是排他的吗？陈芸所为如何理解？而这个过程中，也不见沈复强烈反对，他最在乎的竟然是养不起妾，并非心中只有陈芸而容不下别人。在当时的社会环境下，妻妾成群，似乎是经济实力、社会地位的象征。毫无疑问陈芸与沈复是深深相爱的。陈芸为夫择妾，其实没有把妾当作一个对等的女人，而是当作了献给丈夫的玩意儿，让他多享受一些，面子上也有光。倘若用更加现代的理由来解释，可以参照《生命中不能承受之轻》（韩少功译）里的情节，特丽莎被托马斯的不忠困扰，在梦中寻找解决之道：她亲自挑选女人，奉送给托马斯，这事就没有嫉妒了，因为她和他是一体的，其他女人是他们共同的玩物。

幸亏纳妾之举以失败告终，否则，陈芸、沈复再加一个妾，将成为什么局面？"再也不相信爱情了"可能是唯一答案。《浮生六记》中，还写到数处，陈芸和沈复一起赏鉴戏子、妓女，而沈复亦有狎妓之举。究竟是陈芸太过自信，还是作为第二性的女人潜意识里的不自信——竭力和丈夫的全部喜好一致，包括对女人的喜好？

陈芸去世之后，沈复感喟道："独怪老年夫妇相视如仇者，不知何意？或曰：'非如是，焉得白头偕老哉？'"

是啊，现实就是这么讽刺，恩爱夫妻不得善终，视若寇仇者却白头偕老。莫非上天也嫉妒人间的恩爱？莫非每个人的幸福都有限量？

第七章　诉不尽相思苦

明月皎皎照我床，星汉西流夜未央
牵牛织女遥相望，尔独何辜限河梁。

爱情各种滋味，约会的惊喜，不见的失意，调皮的捉弄。最幸福的自然是相处的时光。相思则缘起于分别，如果天天腻在一起，又何必相思呢。俗云小别胜新婚，对于情深意切的人来说，暂时的小别也不忍。每逢佳节良辰，更是愁损精神。

醉花阴

薄雾浓云愁永昼，瑞脑销金兽。佳节又重阳，玉枕纱橱，半夜凉初透。　　东篱把酒黄昏后，有暗香盈袖。莫道不销魂，帘卷西风，人比黄花瘦。

（宋·李清照）

李清照将这首词寄给丈夫赵明诚。赵明诚赞叹不已，一时好胜心起，竟然闭门谢客，废寝忘食，连写了三天三夜，总共填成五十首《醉花阴》。他又故意把这些作品和清照原作混放在一起，拿给好朋友陆德夫评判。陆德夫吟咏良久，最后说只有三句绝佳，即："莫道不销魂，帘卷西风，人比黄花瘦。"赵明诚三天五十首，敌不过清照肺腑中流出的唯一一首，既是才情不逮，也是相思之情稍欠吧。

黯然销魂，唯有离别。而分别又有暂时的分别、长久的分别。无论怎样的分别，总有不得已的理由。而分别之后，有的能够再相见，有的杳无音讯——甚至是死亡带来的泉路相隔。

分别之后，谁值得我们思念？是那些我们喜欢的、特别是互相喜欢的人。当然，也会偶尔惦念某些人，或出于牵挂，或出于感激，或出于愤恨……但是念头一过，就不再萦绕心头。唯有对喜欢的人，愿意长相厮守。一旦分开，简直像自己的生命被切割掉一部分。为了这个生命圆满，自然天天盼望相见。

古诗十九首之六

涉江采芙蓉，兰泽多芳草。采之欲遗谁，所思在远道。
还顾望旧乡，长路漫浩浩。同心而离居，忧伤以终老。

倘若日复一日，年复一年，竟然不能相见，那么，随着时间的流逝，牵心牵肠的疼痛，也会慢慢变淡，淡成了伤感。如同创口渐渐愈合，最后留下一道疤痕。每逢阴雨天气，还是会隐隐作痛。这就是长相思的苦滋味。

杨柳枝

春江一曲柳千条，二十年前旧板桥。
曾与美人桥上别，恨无消息到今朝。

（唐·刘禹锡）

此诗脱胎于白居易的《板桥路》："梁苑城西二十里，一渠春

清 佚名 燕寝怡情图之一

水柳千条。若为此路今重过,十五年前旧板桥。曾共玉颜桥上别,
恨无消息到今朝。"白居易、刘禹锡为密友。刘禹锡删改白诗,
可能是为了歌妓演唱。如此一改,词句简洁,更有韵味。旧板桥
之旧,不仅仅是陈旧,更是故旧。二十年前,春风一度,杨柳依
依,而今空余相思惆怅。

161

荷叶杯（二首）

绝代佳人难得。倾国。花下见无期。一双愁黛远山眉，不忍
更思惟。　闲掩翠屏金凤。残梦。罗幕画堂空。碧天无路
信难通，惆怅旧房栊。

记得那年花下。深夜。初识谢娘时。水堂西面画帘垂，携手
暗相期。　惆怅晓莺残月。相别。从此隔音尘。如今俱是
异乡人，相见更无因。

（唐·韦庄）

韦庄这两首词，好像在详细解说上面那首《杨柳枝》，使得
佳人美貌、甜蜜恋情、告别场景、别后思念，都有了充分的细节。

水堂西畔，拂面风凉，画帘低垂，在这静悄悄的深夜，晚莺
啼啭，残月朦胧，与美人携手，暗约佳期。此时心情，怎一个缠
绵可以形容？这浪漫的时刻、美丽的人，从此成为生命中的亮色。
其实，谁没有缺点，谁不会衰老呢？只是在最美好的时分相伴，
共享了生命的灿烂。至于分别之后的衰老与古怪刁钻，不相见便
统统无关。

人的一般心理，总是怀念已经失去的，至于得不到的就更好
了。倘若有幸经历过极致的情感体验，可能会终生陷入不可再得
的惆怅。

清　佚名　执瓶仕女图

离 思

曾经沧海难为水，除却巫山不是云。

取次花丛懒回顾，半缘修道半缘君。

（唐·元稹）

　　人不能永远沉湎于回忆，生活总是要继续下去。"宁不知倾城与倾国，佳人难再得"（李延年），只有把回忆当作调味品，而满足于眼前的一粥一饭。如此开解虽属无奈，却是最有用的。

浣溪沙

一向年光有限身，等闲离别易消魂。酒筵歌席莫辞频。

满目山河空念远，落花风雨更伤春。不如怜取眼前人。

（宋·晏殊）

　　幸福的滋味总是相似的，不幸却各有各的表现。生别，尚有相见的希望与可能。死别，其煎熬又该如何？因为痛心，不止像自己的生命被切割了一部分，简直像整个人暂时死去了一部分。悼亡，因而成为古典诗词的一大主题。

遣悲怀

谢公最小偏怜女，自嫁黔娄百事乖。

顾我无衣搜荩箧，泥他沽酒拔金钗。

野蔬充膳甘长藿，落叶添薪仰古槐。

如今俸钱过十万，与君营奠复营斋。

昔日戏言身后事，今朝都到眼前来。

衣裳已施行看尽，针线犹存未忍开。

尚想旧情怜婢仆，也曾因梦送钱财。

诚知此恨人人有，贫贱夫妻百事哀。

闲坐悲君亦自悲，百年都是几多时。

邓攸无子寻知命，潘岳悼亡犹费词。

同穴窅冥何所望，他生缘会更难期。

唯将终夜长开眼，报答平生未展眉。

（唐·元稹）

二十五岁的元稹与二十岁的韦丛结为夫妻。韦丛出身高门士族，其父为太子少保韦夏卿，自小锦衣玉食。新婚之时，元稹刚刚步入仕途，官职低微，薪水少。韦丛性情柔顺，甘心与夫婿过着淡泊清贫的生活，毫无怨言，不料七年后就芳龄早逝。及至元稹官职升迁，生活渐渐优裕，韦丛却再也享受不到了。每念及此，元稹即痛彻心扉。

人已经死了，悼亡诗写得再动听，又有何用？就算多多地祭奠、烧纸钱，也不过尽一尽活人的心意，究竟死去的人能否收到，谁知道？夫妻死后本应同穴合葬，有时候因为种种阻隔，同穴合葬亦困难重重。恩爱的人常发誓，要来生来世继续为夫妻，其实，今生的事情尚且不能把握，何谈虚无缥缈的来生呢？如此一想，当真是万念俱灰。

人到中年之后，诸多不顺，聚拢一处，格外怀念共同经历过俗世烟火、诚挚交心的伴侣，所有的人生感受都在回忆中熔融了，犹如白色的日光，蕴含着七彩。悼亡兼自悼，郁结着无限情思。

锦　瑟

锦瑟无端五十弦，一弦一柱思华年。

庄生晓梦迷蝴蝶，望帝春心托杜鹃。

沧海月明珠有泪，蓝田日暖玉生烟。

此情可待成追忆，只是当时已惘然。

（唐·李商隐）

苏轼与妻子王弗少年结褵，情深意笃。婚后数年王弗早逝，苏轼为之伤悼不已，以至于王弗去世已十年之久，仍然入梦来。

自向枝头弄明月袋他
日上丞金丸之吾猗元

清 恽寿平 瓯香馆写生册·枇杷

江城子·乙卯正月二十日夜记梦

十年生死两茫茫，不思量，自难忘。千里孤坟，无处话凄凉。
纵使相逢应不识，尘满面，鬓如霜。　夜来幽梦忽还乡，
小轩窗，正梳妆。相顾无言，惟有泪千行。料得年年肠断处，
明月夜，短松冈。

（宋·苏轼）

苏轼经历了大起大落的政局，亲炙翻手为云覆手为雨的残酷，
沉浮在宦海中，何处不凄凉？诸多不如意，却无处倾诉，唯有倍
加思念曾经的那个知心人。可惜他能追怀的最温暖质朴的情感，
已经葬在了千里之外的短松冈。

清 余穉 花鸟图

既经过生离，又经过死别，煎熬至苦者，莫过于宋代诗人陆游。

陆游与表妹唐琬成亲之后，夫妻恩爱，可惜唐琬一直不得婆母欢心。在母亲的压力之下，陆游只得和唐琬离异。

古代婚姻中，夫妻离异的情况绝大部分是男子出妻，有七出之条。七出也叫七弃、七去，即丈夫休弃妻子的七种条件，按照《仪礼·丧服》的注疏所讲，分别是无子、淫佚、不事舅姑（公婆）、口舌、盗窃、妒忌、恶疾。这几条，只有"盗窃"属于今人也认可的品德缺陷，其他几条都是对于丈夫家族利益的危害。夫妻两人之间的感情好坏，与婚姻的存续没有直接关系。七出之条很生动地说明了婚姻的功利性质，以及女人在婚姻中的工具地位。

妻子与公婆不和睦，做丈夫的左右为难，最终只会顺从父母之意，休弃妻子。

南宋绍兴十四年（1144），是陆游与唐琬的成亲之年，婚后不久被迫离异，之后，两人各自婚嫁。

十竹齋珍藏

十竹齋珍藏

胡日從寫於
十竹齋

绍兴二十一年（1151），陆游独游家乡山阴（今浙江绍兴）的沈园，无意中邂逅唐琬及其后夫。数年未见，蓦然重逢，陆游伤感不已，情难自禁，在沈园壁上题词一首。

钗头凤

红酥手,黄藤酒,满城春色宫墙柳。东风恶,欢情薄,一怀愁绪,几年离索。错、错、错。　　春如旧,人空瘦,泪痕红浥鲛绡透。桃花落,闲池阁,山盟虽在,锦书难托。莫、莫、莫。

（宋·陆游）

唐琬征求到丈夫同意，给陆游送来酒食，却看到墙壁上新题的断肠词。她也唱和一首，而后因为哀伤过度，竟然一病不起，很快去世，令人扼腕叹息。

其实唐琬再嫁的赵士程乃越中名士，夫妻同游沈园，说明他

清　沙馥　芭蕉美人图

们感情和睦。也许，唐琬已经在新的婚姻中找到了寄托，奈何意料之外的重逢又搅起心底波澜，那首惨痛的情词《钗头凤》，更使她沉寂多年的伤口再次崩裂。唐琬、陆游俱是多情人，本来各自安好，平静生活，相忘于江湖，是最佳的结局。奈何情之动人，更能伤人。

陆游后来又多次重游沈园，在熟悉的一山一水、一草一木间，缅怀故人。

在情意最浓厚时分离，记住的都是对方的好处。而盛年早逝，令人难忘的更是青春的美貌。所以，美丽的唐琬，其形象永远存在于陆游的心中，无人可以代替。而对于多情诗人来说，唐琬更象征了青春岁月里的一切温柔、美好。她已经不再是一个具体的女人，而是最美好的旧时光的象征，是再也不能复制的完美体验。陆游后来的妻妾们，怎么有力量和一个死去的完美情敌抗衡呢？

几十年间，陆游忧国忧民，坚持抗金，任职各地，写下了无数激励人心的爱国诗篇。晚年，他回到家乡隐居。

六十八岁时，陆游再临沈园，感怀旧迹而赋诗，其序曰："禹迹寺南有沈氏小园，四十年前，尝题小阁壁间。偶复一到，而园已三易主，读之怅然。"小园已经三次变换主人，虽历经风雨，可是景致依旧，诗人的思念之浓烈，也分毫未减，一如当年题壁

《钗头凤》的情景。

七十五岁时再次旧地重游，唐琬辞世已经四十多年，陆游仍然有感于心，又写下《沈园》二首。

沈 园

梦断香消四十年，沈园柳老不吹绵。

此身行作稽山土，犹吊遗踪一泫然。

城上斜阳画角哀，沈园非复旧池台。

伤心桥下春波绿，曾是惊鸿照影来。

（宋·陆游）

晚年的陆游就住在沈园附近，每年春天必定前往，名为游赏，实则凭吊。八十高龄之后，还写有《梦游沈家园》《春游》等诗，一生衷情不衰。

陆游是著名的爱国诗人，能文能武，被赞誉为"亘古男儿一放翁"（梁启超），谁想得到如此刚强的男儿，也有如此百结柔肠。他明明知道艳质成灰，芳魂渺茫，却一次次重来，不为伊人，更为自己的心。在国家金瓯破缺、义士忧愤填膺之际，沈园成为他的精神栖息地，一方暂时忘怀现实忧患的桃花源。

这也是相思的本质吧，思念那个人，那个人就是世间所有的美好，是全部缺憾的补偿。

第章 生死两依依

迟迟钟鼓初长夜，耿耿星河欲曙天

鸳鸯瓦冷霜华重，翡翠衾寒谁与共

"在天愿作比翼鸟，在地愿为连理枝。"白居易的《长恨歌》如此吟咏。人有精魂否？可以化生为他物否？情之所衷，又有什么不可能呢？只要生生死死在一起。

炽热的爱情令人盲目，内有梁山伯、祝英台，外有罗密欧、朱丽叶。这个人去了，人生即无可留恋。现实生活中，我们并不提倡殉情，毕竟人活着不是为了一己情欲，更有诸多社会责任，那么，为什么还要为决绝的情侣们抛洒热泪？

因为他们代表了相爱的极致。

金章宗泰和五年（1205），年轻的诗人元好问去并州参加科举考试中的府试，途中遇到捕雁者，听他说今早捕获一只大雁，当即杀掉，脱网的另一只雁盘旋不去，哀鸣不已，竟然自投于地而死——可不可以说，这只雁死于心碎？

多情诗人元好问震撼不已，慷慨解囊买下这两只大雁，把它们埋在汾水岸边，并造了小小坟丘，垒石为标识，还特意写下了一首词。

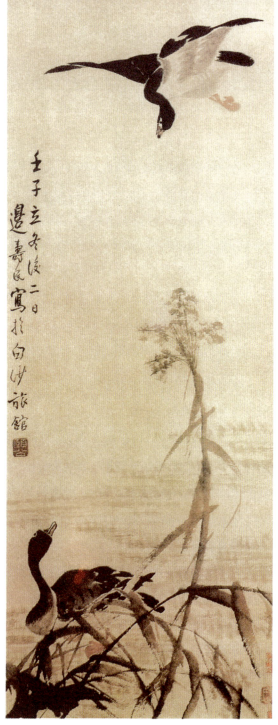

壬子立冬後二日邊壽民寫於白沙旅館

清 边寿民 芦雁图

摸鱼儿·雁丘词

问世间，情为何物？直教生死相许。天南地北双飞客，老翅几回寒暑。欢乐趣，离别苦，就中更有痴儿女。君应有语，渺万里层云，千山暮雪，只影向谁去？　　横汾路，寂寞当年箫鼓，荒烟依旧平楚。招魂楚些何嗟及，山鬼暗啼风雨。天也妒，未信与，莺儿燕子俱黄土。千秋万古，为留待骚人，狂歌痛饮，来访雁丘处。

（金·元好问）

　　大雁是一种"忠贞"的鸟儿，如不出意外，往往终生只有唯一的伴侣。古人对于雁的习性认识得很清楚，在古代婚姻六礼（纳采、问名、纳吉、纳征、请期、亲迎）中，雁是重要的礼物。大雁根据季节迁徙，从不违时，象征及时婚嫁；大雁春来秋去，总是追随着阳和之气，象征夫唱妇随；雌雄相伴，忠贞一生，正是理想的夫妻关系的写照。

　　雁犹如此，作为万物之灵的人呢？

　　且看韩凭夫妇的故事。战国时期，宋康王垂涎于韩凭之妻何氏的美貌，把她抢走，强行霸占。韩凭极其怨怒，宋康王就囚禁了他，继而让他服苦役。何氏秘密送给韩凭一封书信，信中写道："其雨淫淫，河大水深，日出当心。"这封信落到了康王手里，大家都不解其意，后来一位臣子看出了端倪：其雨淫淫，是雨连绵不已，愁思不绝；河大水深，是无法来往；日出当心，是必死的决心。

不久，韩凭果然自杀。死讯传到了何氏的耳朵里，何氏也做好了准备。

宋康王邀请何氏同登高台，欣赏美景。何氏趁人不备，往下纵身一跃。旁边的人大惊失色，赶紧拉她衣服，不料衣服应手而朽——何氏已经提前腐蚀坏了衣料，瞬间，香消玉殒在高台之下。

何氏遗书要求与韩凭尸骨合葬。康王盛怒之下，绝不应允，将两人坟墓分开，只能相望。两人坟上各长出一棵树，不过十日，树就长得既高且大，枝叶交织在空中，树根纠缠于地下，犹如两人伸臂相拥。有一对毛羽斑斓的鸳鸯，昼夜栖息于树上，哀鸣不已。路人看见，都说是韩凭夫妻的精魂所化，把此树唤作"相思树"。

汉末建安年间，庐江府小吏焦仲卿迫于母亲严命，和妻子刘兰芝离异。刘兰芝眷念旧情，不肯再嫁，投水而死。焦仲卿闻此噩耗之后，也自缢殉情。"两家求合葬，合葬华山傍。东西植松柏，左右种梧桐。枝枝相覆盖，叶叶相交通。中有双飞鸟，自名为鸳鸯。仰头相向鸣，夜夜达五更。"（《孔雀东南飞》）

韩凭、何氏，焦仲卿、刘兰芝，他们的生命结束了，精魂却化成了相拥的树，相偎依的鸳鸯，以另一种方式展现他们不朽的爱情。

看见这些青青如盖的梧桐，看见这些毛羽鲜明的鸟儿，仿佛爱情落到了实处。有时候爱情还会落入歌曲，代代传唱，直接唱进人的心里，比如《乐府诗集》所介绍的《华山畿》。

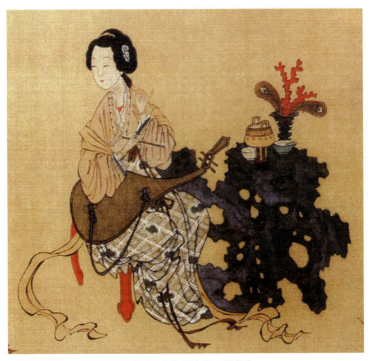

明 佚名 千秋绝艳图（局部）

华山畿，即华山的山边。而这座华山，在今天江苏句容附近。

南朝宋少帝时，南徐（今镇江）一位士子，经华山畿去云阳（今丹阳）。旅途中，在客舍见到一位女子，十八九岁的模样，他一见倾心，像歌里唱的那样，"莫名我就喜欢你，深深地爱上你，没有理由，没有原因……"回家之后朝思暮想，缠绵成疾。母亲心疼他，觉得这场病来得蹊跷，就追问缘故。他一五一十全都倾诉出来。可怜天下父母心，他母亲当即前往华山寻访，居然找到了那位女子，并详细告知了儿子的状况。

女子听她说完，非常感动，就把自己身上穿戴的蔽膝脱下来。

陶廛子吴振武写

清 吴振武 荷花鸳鸯图

明 银鎏金镶玉嵌宝鱼篮观音挑心

所谓蔽膝，是古代遮羞物的遗制，拴在衣服外面的大带上，直接垂下至膝，形同窄长的围裙。女子请求把蔽膝秘密放在士子的卧席之下。母亲就照办了，儿子的病情果然有所好转。

这天，不知道为什么，他忽然掀开了席子，看见蔽膝，那一瞬间，情迷心窍，他一定从这蔽膝上感觉到了心上人的气息，竟然紧抱在怀中，不能自制地吞食起来。或许是窒息，或许是过分激动，吞食之后，他就奄奄一息了，只能用最后的力气对母亲哀求：埋葬我的时候，灵车一定要从华山边经过。

悲痛的母亲全都应允了。灵车走到那女子的门前，拉车的牛忽然停下了，怎么拍打都不肯挪步。此时，门内的女子说请稍等片刻。她细细沐浴精心妆点之后，走出门来，边走边唱："华山畿，君既为侬死，独活为谁施！欢若见怜时，棺木为侬开。"——华山边啊华山畔，你为我死亡，我怎能独活？你若怜惜我，棺木为我开。

车上的棺材应声开启，女子随即投身入棺。两方的家人都大吃一惊，反复叩打，也不能打开，无可奈何，只好就这样把他们

合葬。这座合葬坟墓,被人们称作"神女冢"。

她所唱的曲子,被有心人记录了下来,成为《乐府诗集》所载录的《华山畿》。后人以此为题所做的歌曲,都是情歌。

若一方死亡,不舍尘缘,灵魂会幻化成美丽的蝴蝶。

宋代周密《癸辛杂识》记载,杨昊字明之,娶了一个年轻的妻子江氏,接着又生了可爱的儿子。美满生活,天也妒羡,杨明之突然客死他乡。他死后第二天,有一只蝴蝶,大如手掌,在江氏身边徘徊飞翔。因为古代交通不便,杨明之客死的消息尚未传来,江氏并不明白这蝴蝶是怎么回事。等到噩耗传来,举家老幼抱头痛哭时,大蝴蝶又出现了,上上下下只围绕着江氏飞舞,无论她饮食坐卧什么状态。这时候,家里人才意识到这一定是明之割舍不下娇妻稚子,化作蝴蝶归来。

入棺和化蝶等因素结合起来,就成为经典的梁祝传说。

这些故事,都是男女主角舍弃自己的生命,成全自己的爱情,更有其他人舍弃生命,成全男女主角的故事。

唐传奇《无双传》中,王仙客和舅父家的表妹刘无双青梅竹马,后有婚姻之约。舅父因投降叛军被朝廷处死,无双作为罪人

之女，配入掖庭。王仙客矢志不渝，寻访无双，并求助于义士古押衙。古押衙求取茅山道士之药，制定了周密的计划，事后杀死了所有参与者，包括他自己也毅然刎颈。解救无双的过程，险象环生，惊心动魄，小说最后写道："人生之契阔会合多矣，罕有若斯之比。常谓古今所无。无双遭乱世籍没，而仙客之志，死而不夺。卒遇古生之奇法取之，冤死者十余人。艰难走窜，其后归故乡，为夫妇五十年，何其异哉！"神奇的毒药，缜密的谋划，十几条人命，最终换回的结果是：王仙客与无双白头偕老，儿女成群。

这个故事，仔细体味，的确只有一个"异"字可以概括。为了一段姻缘，付出如此多的努力，甚至送掉十几条人命，值不值得？毕竟，每一个死去的人也有爱的权利与机会，但是在这篇幅有限的小说里，都变成了工具，成全了王仙客的执着、无双的哀切、古押衙的义举。

无双很美丽。《无双传》中，先是王仙客的母亲评价曰："无双端丽聪慧"；后来，仙客"又于窗隙间窥见无双，姿质明艳，若神仙中人"。外貌不美的人就是普通人，缺乏号召力，所以文

清 恽寿平 仿倪瓒古木丛篁图

学故事的女主人公都很美，甚至极美，想想我们这本书里出现的女人吧，几乎个个美绝人寰。追求美、保护美、得到美，是一种试图超越平凡的行为，可以使庸俗的人生获得精神上的提升，虽然是个体的行为，也包含了人类整体的不懈追求。好比海伦倾倒了特洛伊，战争的双方都赞叹她的美貌，为了她开战，无人埋怨。

在"美"的基础上，再加入"情"的成分，这个合理的砝码就会更重。古往今来，爱情故事总是最动人。人们陷身在浊世的泥潭里，渴望超脱。真挚的爱情难遇难求，不计任何代价去体验爱情，在有限的人生中迷狂一把，其实是许多人隐秘内心当中的渴望。唯因现实局限，理智常常占据上风，没办法在实际生活当中不管不顾，只能移情于艺术作品。王仙客、刘无双的执着，也是我们每个人向往的执着，被他们感动，其实是被自己梦想中的爱情感动。

从这种精神意义进行分析，我们就能解释为什么毫不可惜地送掉十几条人

清 傅眉 山水花卉册之一

命，只为了成全一个女子。读故事的我们对于王仙客、无双、古
押衙也没有丝毫怨咎，我们认同他们的行为。在阅读的过程中，
我们的思想参与故事的发展，下意识里也乐意用自己的生命去成
全美、成全爱情。

双方同步的爱情最为理想，但是，由于人的复杂性，不可能
每段爱情都和谐。总有一些伴侣不免失衡，是一方痴情追随，不
离不弃，可叹另一方却无可无不可。

宋话本《碾玉观音》中，郡王府里的绣娘璩秀秀与碾玉工匠

元機詩意

秋室老人有也圖今在篋圖中
乙酉初夏七子蒓 改琦作記

王鳳洲云妙繪綽約風懷擬盧秀才短褐之為比諸樓此唐遺績
昆侖奴唐女道士魚元機小像略畢秋軍高嵌神靜眠殿畫畫史氣呈不輕元
集也蒓圖為升江工部黃壬叔也秋室善山水之女蘭圖外虽其山女土不輕其所以
為蒸圖窨作蒸詩意黃蒸詩童刊元機人集地廣記尤禮鄭蒼史等童無人猶天臺
成宋元蒓集善版萬卷本乃取國語國詩與地廣記尤禮鄭蒼史等童無人猶天臺
刊元機集七囟以淂蒓遺唐女集之他鬒才調集版刊之也錢唐陳雲仙夫令
嘗為隨詩四首見萬錄于此前筆韻草卿富元機過比之也可
追菱難家淥者塵潛流花間嘅嘅客群薄無傷不如隨女是何人善寫貞慳鄉淥
不柏吹魂蕭平未論文娃有歗史典憨是東隣婢妹三北婢姨即鄉淥詩樓
慳句乎傅吳悔蕃鄉華第二篇如此脣字睬卿相鳥徐小字齋妶有芸香群
帳乎傅吳悔蕃南華全盒監臨鄉淥詩樓
蠹魚洪軍善永窒呵如多情誰是黃公望宮救蘭陵鄂氏書
同治十年歲在重光協洽冬十一月之朔有六日呵璪誠玲璪呵璪誠玲珍
玲玲玲玲玲玲玲玲玲玲玲珍

古筆山人琥音珍賞

清 改琦 元机诗意图

崔宁私奔，后双双被抓回，秀秀被打死，一缕香魂不散，追随崔宁，依然像活着那样。后来被人看破，秀秀便扯着崔宁一块儿做了鬼。这故事被冯梦龙采入《警世通言》，重命名为《崔待诏生死冤家》。

秀秀勇敢直率，她在王府失火时逃出，主动要求跟着崔宁走，在崔宁家里，又主动要求做夫妻。与秀秀相比，崔宁则软弱被动。被王府抓回时，他赶紧撇清自己，把责任全部推给秀秀。而最后又是秀秀的鬼魂主动出手，把崔宁也扯走了。

更有一种爱情，是一方至死不渝，另一方却薄幸无情。

如唐传奇《霍小玉传》，霍小玉沦落为娼，与李益情投意合。她自知身份低贱，仅仅请求李益给她八年欢爱，而后，任凭李益结婚高门，她则情愿遁入空门。李益连这个卑微的愿望也不能满足，没过多久，即另结婚姻，完全将霍小玉置之不理。霍小玉在苦苦等待和寻找中，病入膏肓，方得无名侠客帮助，见到了李益最后一面。她挣扎而起，含恨痛诉："我为女子，薄命如斯；君是丈夫，负心若此。韶颜稚齿，饮恨而终。慈母在堂，不能供养……"然后一恸而终，死后鬼魂作祟，令李益的婚姻频起波折。

　　明代通俗小说集"三言二拍"中，《王娇鸾百年长恨》《满少卿饥附饱飏 焦文姬生仇死报》等故事的女主人公均与霍小玉相似，做了鬼方能抗争，直把负心薄幸之人的命也攫去。

　　因为旧时代男尊女卑，男人有更多选择，而女人一旦被始乱终弃，基本就是前途无望，生不如死，故殉情一方多为女性，以至于形成了俗语"痴情女子负心汉"。可惜现实当中并没有什么明文规定，你爱我，我就必须爱你，你继续爱我，我就必须继续爱你。痴情人殉了情，也无处讲理，只能寄希望于昊苍神明，让所有付出的爱都有着落，即使得不到回应，也不该单方面牺牲太多。

　　历史上，还有一种压迫女人的"守节"乃至"殉节"。尤其明清时代，对于女人的贞洁要求更加严酷。先秦儒家如孔子、孟子，讲究"仁"，重视人的生命。而宋明理学提倡存天理、灭人欲，

强调贞节。明代干脆制定了法律，禁止命妇改嫁，普通女子改嫁不得携带前夫任何财产，认可家法族规对失贞女子的惩戒，同时官方大力旌表贞节事迹。实行这政策的直接后果就是明代的烈女贞妇数量大增。《明史·列女传》简直成了未亡人展示贞烈事迹的大帐簿。

丈夫死后，妻子必须守寡终身，被贬称为未亡人——也就是该死还没死。"有子则守志奉主，妻道也。无子则洁身殉夫，妇节也。"丈夫死了，女人如果有儿子就养儿子，没有儿子的最好一块儿死去，至少也不能改嫁。

九江欧阳氏，丈夫死的时候，她才十八岁，父母强迫她改嫁，她用针在额头上刺下"誓死守节"四字，又用墨染黑，渗入肌肤，终生不脱。这招可灵了，谁也不敢逼她改嫁，乡亲们称她为"黑头节妇"……

明 仇英 汉宫春晓图卷（局部）

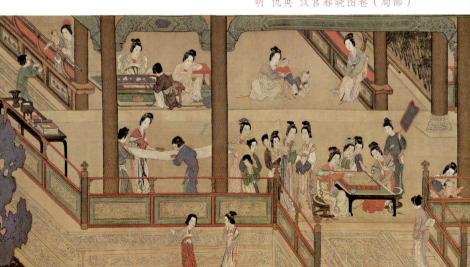

兰溪人叶氏，嫁给许伸。许伸把家产荡光，只好携妻投靠亲友，不料他又突然死亡。叶氏伏在丈夫尸前，痛哭不已。别人可怜她，给她饮食、金钱，她统统不受，十几天后也死了，得以与丈夫合葬。

还有更过分的，秀水张氏十四岁的时候，与同乡刘伯春订下婚约。刘伯春是读书人，发誓要先当举人后成家，谁承想他一个愿望都没实现就死了。张氏听说未婚夫的不幸遭遇，就剪断头发，号泣不已，完全按照正式妻子的身份，为刘伯春穿重孝三年。她孝服期满，又开始绝食。父母亲友百般劝告，她一概不听，煎熬了十几天，终于如愿以偿地死了。

类似"光辉事迹"不胜枚举，令人瞠目结舌。洗脑洗得如此彻底，是不是想起了那位宁可淹死也要遵守男女授受不亲的烈女？

常言道虎毒不食子，但是，在这所谓的名节大义上，更有父母参与推动的。明代小说《儒林外史》第四十八回《徽州府烈妇

宋 金帘梳

殉夫 泰伯祠遗贤感旧》就提供了一个生动的例子。王玉辉的女婿病死，女儿一心殉夫。公婆不允许，特意将王玉辉找来，希望一块儿劝说。不料王玉辉却说："这是青史上留名的事，我难道反拦阻你？你竟是这样做罢。"等到女儿果真绝食而死，他仰天大笑："死的好！死的好！"如此"好死"，果然换来了官府的旌表，作为烈女，牌位进入祠堂。地方乡绅也将王玉辉树为典范，说他生了个好女儿。直到此时，王玉辉转觉伤心，不肯出席相关场合。

在这种贞节观念之下，女人已经与爱情无关，只是男权的附属物品，如此生死相依，是对正常人性的戕害。

人必有一死，或重于泰山，或轻于鸿毛，重和轻的评价标准是什么呢？以殉节为例吧，这种非正常死亡，所殉的无论是爱情，还是名节，都是以社会观念来衡量的，是独属于人类的行为。死得好，或死得不好，种种评价都受到了社会价值观的影响。

那么，抛开人类社会的一切局限，仅仅来看两个自然人的感情状态。世上没有完全相同的两颗头脑两颗心，感情上怎能完全同步？自然界的哺乳动物没有感情专一的类型，就证明了物种特性。但是，在人类社会中，专一的爱情，可以成就更多的美，也在某种程度上取得更大的合作利益，从而超越兽性，体现高级文明的特征。所以说，爱情是一个文化概念，是人类创造的艺术，是人类对欲望的提升，是人类自我崇高化的目标，是人类精神演化的最高端。

对于爱情的态度，多数人都是虽不能至，心向往之，盼望着一生哪怕只有一次尽情的燃烧。拭去感动的眼泪，让我们再回到清醒的现实，仿佛造物主跟人类开了玩笑，理想美轮美奂，现实孱弱多变。

有幸遇到一个人，有幸同时步入了爱情状态，其保鲜期有多长呢？迷狂状态不过数月而已，最长也熬不过两年。爱情犹如发烧，谁能整天发烧呢？那些相伴长久的伴侣，是悄然转入了亲情加知己的状态。如果不能成功转型，所谓爱情也不过是鲜切花一样的宿命，盛开时香艳绝伦，萎败后残破离披。

值得生死相随的爱情，在现实生活中只能是理想式的存在，谁都希望拥有，谁都不希望尝试。一方去世，另一方能在漫长的岁月里时常想念，就算是仁至义尽了。还会遇见其他人，还会有其他风格的生活。

莫要奢望生死相依，只要日复一日、年复一年，就这样平凡着、琐碎着，同时也温暖着、持久着，足矣。

问世间，情为何物？

古人云：直教生死相许。

今人云：且行且珍惜。

致
谢

　　本书中《元 金镶绿松石戒指》、《明 金镶玉嵌宝蝴蝶簪首》、《明 金镶宝莲花顶簪》、《元 金步摇》、《明 金累丝葫芦耳环》、《元 金累丝莲塘小景纹耳环》、《明 金镶宝珠玉鱼篮观音挑心》、《明 金镶玉嵌宝万寿顶簪》、《明 金累丝蜂蝶赶菊花篮簪》、《明 金嵌宝掩鬓》、《明 玉佩》、《明 金镶宝蝴蝶簪首》、《明 金镶玉葫芦耳环》、《明 金穿绿玉摩尼簪》、《宋 金裹头银脚簪》、《明 金镶宝花钿》、《明 秋胡戏妻图双转轴金戒指》、《明 金镶宝蝴蝶银脚簪》、《明 金镶玉嵌宝寿字挑心》、《明 银鎏金镶玉嵌宝鱼篮观音挑心》、《明 金累丝镶宝凤凰挑心》、《宋 金帘梳》（按照书中前后顺序排列）等图片，出自扬之水著《奢华之色——宋元明金银器研究》（中华书局 2011 年版）。承蒙扬之水先生惠赐图片，感激莫名，深致谢忱。

　　本书中部分图片出自徐广源著《大清后宫私家相册》（中华书局 2012 年版），特此致谢。

吕玉华